멋지게 나이 들고 싶은 사람을 위한

인생 명언 365

항상 자신보다 남을 위해 살다 간
아내 혜영에게 이 책을 바칩니다.

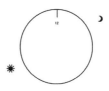

멋지게 나이 들고 싶은 사람을 위한

인생 명언 365

365
LIFE PROVERBS
FOR PEOPLE
WHO
WANT TO AGE
GRACEFULLY

최혁순 지음

‘속담’이 일상 생활의 희로애락에서 나온 서민의 지혜라고 한다면,
‘명언’은 동서고금의 성현들에 의해 배양된 인간 정신 형성이 결정
화된 지혜라고 할 수 있습니다. 이 두 가지는 우리 인류의 규범이
유지되는 기반이요, 또한 인류 불멸의 유산으로 영원히 전승될 것
입니다.

역사상의 위대한 인물들은 자신들의 저서나 연설문 등에 선인들의
명언을 직접 인용하거나 변형 인용해왔습니다. 예를 들면 미국의
대통령 링컨은 시어도어 파커 목사의 설교집《미국의 이상》에서
‘국민의, 국민에 의한, 국민을 위한 정부’라는 민주 정치의 명구를
인용하였고, J.F.케네디는 워런 G.하딩 대통령의 연설집에서, 그리
고 하딩 대통령은 B.R.브리그스의《의식과 사상》에서 저 유명한
‘조국이 당신을 위하여 무엇을 할 수 있는지를 묻지 말고, 당신이

조국을 위하여 무엇을 할 수 있는지를 물어라'는 말을 각각 변형 인용했습니다. 이처럼 명언의 가치는 시대와 국가를 초월하여 인류의 마음속에 영원히 존속합니다.

영국의 정치가 윈스턴 처칠은 일찍이 자서전《나의 반생기》에서 '교육받지 못한 사람들은 명언집을 읽는 것이 좋다. 바틀릿의 명언집《바틀릿의 친근한 인용문》은 매우 훌륭한 저서이며, 나는 그 책을 정독하였다. 기억 속에 새겨진 명언들은 당신에게 좋은 생각을 가져다준다. 그것들은 그 저자의 책들을 더 읽어보고 싶게 하며 찾아보고 싶게 한다'고 술회하였습니다.

편자는 오랫동안 동서고금의 명저와 각종 명언집·속담집·시집·신문·잡지 등을 섭렵하며 명구를 수집하였습니다. 또한 인구에 회자

해온 옛사람들의 좋은 글과 말, 동시대인들의 좋은 글과 말까지 총
망라하여 이 책에 담았습니다. 한 권의 책에서 많은 지혜를 얻도록
인물을 다양하게 꾸몄습니다. 또 건강을 비롯해 노년에 꼭 알아야
할 각종 정보도 수록했습니다.

이 책에 수록된 좋은 글과 말은 하나같이 우리 마음의 양식이 되어
줄 것이며, 수많은 명저를 읽었다는 긍지를 갖게 해줄 것입니다. 일
찍이 독일의 시인 괴테는 "명언집과 격언집은 사회인에게는 최대
의 보물이다. 만일 전자를 적절히 대화 속에 삽입하고, 후자를 적당
히 기억 속에 환기한다면"이라고 단적으로 표현했습니다. 부디 갖
가지 다른 주제 혹은 동류 주제에 관한 인류의 지혜를 비교하여 공
명을 느끼는 명언을 자유로이 음미하고, 노년의 생활 지침서로 항
상 곁에 두고 읽어주기를 바랍니다. 그리고 이 책을 수필, 연설, 좌

담, 테이블 스피치 등에 인용하거나 화제의 양념으로 활용해준다면 편자로서는 더 바랄 것이 없습니다.

끝으로 좋은 글과 말을 남겨주신 모든 분에게 심심한 감사를 드립니다. 그리고 90세 넘은 노인의 저작물을 책으로 출간할 것을 쾌히 허락해준 빅마우스출판콘텐츠그룹 대표님과 책을 정성껏 꾸며주신 출판부 여러분에게도 고마운 마음을 전합니다.

2024년 5월
미국 애틀랜타에서

최혁순

멋지게
나이 들고 싶은
사람을 위한 인생 명언

365

차례

시작하는 말 6

멋지게
나이 들고 싶은
사람을 위한 인생 명언

365

노인은 하루를 열흘처럼 즐겁게 보내야 하고,
항상 하루 보내기를 애석하게 생각하고
단 하루도 헛되이 보내지 말아야 한다.

_가이바라 에키켄(일본 에도시대 초기 유학자, 식물학자, 작가)가

84세에 쓴 《양생훈》 중에서

새로운 일을 시작하기에
너무 늦은 나이란 없다.

_엘린앤 가이젤(미국 에이프런 큐레이터, 작가)

이마에 생긴 주름살이
가슴에 새겨지도록 하지는 말자.
정신이 나이 들지 않도록 하자.

_제임스 A.가필드(미국 제20대 대통령)

마하트마 간디의 좋은 말

● 인도 독립운동가, 정치지도자 ●

오늘 죽을 것처럼 행동하고
영원히 살 것처럼 배워라.

○

당신 자신의 모습을 발견하는 가장 좋은 방법은

다른 이들을 섬김으로써 자기 자신에서 벗어나는 것이다.

○

삶은 죽음에서 생긴다.

보리가 싹을 틔우려면 종자가 죽어야 한다.

○

게으름이 즐거움만 주지는 않는다.

행복해지려면 무언가 해야 한다.

○

오늘은 내 남은 인생의 첫 번째 날이다.

미래는 우리가 현재 무엇을 했느냐에 따라 결정된다.

○

인간의 진정한 재산은 그가 이 세상에서 행하는 선행이다.

○

조국을 위해서 무엇을 할 것인가,

민족을 위해서 무엇을 할 것인가,

이것이 나의 희망이요, 목표이다.

●

간디가 늙었을 때 영국의 한 신문기자가 인터뷰 도중 이런 질문을 던졌다.

"당신의 인생 행로와 업적에 대해선 많은 사람이 알고 있습니다. 그런데 당신의 결혼 생활에 대해선 알려진 바가 별로 없군요. 부부 관계는 어떠셨나요?"

간디는 잠시 생각에 잠겼다가 이내 미소를 지으며 말했다.

"인도의 풍습에 따라 나는 일찍 결혼을 했습니다. 내가 젊었을 때 는 육체의 욕망을 이기지 못해 아내를 가까이했지요. 그러나 이제 우리 두 사람은 친구가 되어 두 손을 잡고 인생의 마지막 길을 걸어가고 있습니다. 내게 아내만큼 변치 않는 친구는 없지요."

_잭 캔필드, 《우리는 다시 만나기 위해 태어났다》 중에서

●

그대가 죽어가고 있을 때에 그동안 이렇게 살아왔으면 하고 바랄 그 소원대로 살아가라.

_C.F.겔러트(독일 시인)

●

사람이란 태어날 때 각자 한 권의 연극 각본을 갖고 탄생한다. 그 각본의 저자가 자기요, 감독도 자기요, 주연도 자기이다. 그리고 그 각본대로의 한마당 연극이 사람의 일생이다. 이왕 연극할 바에는 멋들어지게 해야 할 것이 아닌가?

_경봉스님(한국 승려)

●

일생을 바친 다음에 남는 것은 우리가 모은 것이 아니라 우리가 남에게 준 것이다. 재미있는 노릇이다. 악착스레 모은 돈이나 재산은 그 누구의 마음에도 남지 않지만 숨은 적선, 진실한 충고, 따뜻한 격려의 말 같은 것은 언제까지나 남으니 말이다.

_미우라 아야코(일본 작가)

빌 게이츠의 좋은 말

● 미국 사업가, 마이크로소프트 창업주, 자선사업가 ●

시작도 하기 전에 결과를 생각하지 말라.
다른 사람이 나를 어떻게 보는지 생각 말라.
다른 사람을 평가하지도 말라.

○

인생은 등산과 같다.

정상에 올라서야만 산 아래 아름다운 풍경이 보이듯

노력 없이는 정상에 오를 수 없다.

○

주는 만큼 받아야 한다고 생각지 말라.

아낌없이 주는 나무가 돼라.

○

태어나서 가난한 것은 당신의 잘못이 아니다.

하지만 죽을 때도 가난하다는 것은 당신의 잘못이다.

○

항상 먼저 다가가고

먼저 배려하고 먼저 이해하라.

○

성공을 자축하는 것도 중요하지만

실패를 통해 배운 교훈에 주의를 기울이는 것이 더 중요하다.

○

좋게 만들 수 없다면

적어도 좋아 보이게 만들어라.

《경행록》의 좋은 말

만족할 줄 알면 즐겁고,
지나치게 욕심을 부리면 걱정이 많다.

～～～～～

말을 적게 하고
친구를 가려 사귀면 후회가 없고
근심과 모욕이 따르지 않는다.

～～～～～

자신을 낮출 줄 아는 사람은
중요한 자리에 오를 수 있고,
남 이기기를 좋아하는 사람은
반드시 적을 만난다.

～～～～～

○

남과 원수를 맺는 것은 재앙을 심는 것이고,

선을 버려두고 하지 않는 것은 스스로를 해치는 것이다.

○

닥쳐오는 재앙은 요행으로 피할 수가 없고,

복을 놓치면 다시 구해도 구할 수 없다.

○

대장부는 착한 것을 분명히 보기 때문에,

이름과 절개를 태산보다 더 무겁게 지킨다.

마음을 굳게 사용하므로 죽고 사는 것을

새털보다 더 가볍게 여긴다.

○

무슨 일이든지 한 가지 일에 능통하라.

○

음식이 담박하면 정신이 맑아지고 마음이 맑으면 잠도 편안하다.

○

하늘은 본래 사람의 마음속에 선의 미덕을 부여했다.

선한 자에게는 복을 주고 악한 자에게는 재앙을 내리는 것이

하늘의 섭리이다. 그러므로 우리는 끊임없이 선을 행하여

기쁜 삶을 누려야 한다.

○

삶을 보존하려는 사람은 욕심을 적게 하고,

몸을 보호하려는 사람은 명예를 피해야 한다.

욕심 없애기는 쉬우나, 명예 없애기는 어렵다.

○

까마귀도 늙으면 자식들이 봉양한다는데, 하물며 인간인 우리 자식들은 부모들을 외면할 수 없다는 것이 하늘의 도리인데도 오늘날의 자식들은 금수보다 못하다는 한탄을 듣는다.

●

'삶은 너무 짧다'라는 말은 너무 자주 쓰여 진부한 표현이 되어버렸지만, 이번만큼은 진짜다. 불행하게 살기에도, 평범하게 살기에도 시간은 부족하다. 그런 삶은 무의미할 뿐 아니라 고통스럽기까지 하다.

_세스 고딘(미국 작가, 비즈니스 전략가)

●

인생에서 가치 있는 것은 모두 오르막이다. 인생에서 가치 있는 것, 당신이 소망하고 이루고 싶은 것, 당신이 누리고자 하는 것은 모두 오르막이다. 문제는 많은 이의 꿈은 오르막인데, 습관은 내리막이라는 사실이다.

_존 고든(미국 동기부여 전문가, 작가)

●

묻지 말고, 저 목적이 달성될 때까지 살고 노고(勞苦)하라. 모든 돌봐주어야 할 이웃을 돕고, 아무에게도 도움을 받으려 하지 말라. 인생은 대부분이 거품이요, 시시한 것. 타인의 수고에의 감사, 자신의 용기, 이 둘만이 돌처럼 버틴다.

_A.L.고든(오스트리아 시인)

●

'나이를 거꾸로 먹는다!' 좋은 덕담, 좋은 칭찬의 말이다. 한 해 한 해 나이가 드는 것은 막을 길이 없다. 그러나 마음은 따로 가야 한다. 마음은 젊어지고 생각은 더 젊어져야 한다. 소년의 마음으로 세상을 보고, 청년의 기백으로 세상을 걸어가야 한다. 나이를 잊어야 꿈도 눈빛도 더 형형해지고 몸도 젊어진다. 삶은 늘 새로운 것의 연속이다. 어제의 낡은 것에 머물지 않고 오늘 새로움을 찾아 나서면 삶은 늘 청춘이다. 시간 앞에 지지 말고 가슴속에 꿈의 씨앗을 뿌리자.

_고도원(한국 작가, 아침편지 문화재단 이사장)

●

노마지지(老馬之智), '늙은 말의 지혜'라는 말은 중국 제나라의 명재상 관중이 길을 잃고 헤매는 환공에게 한 말에서 유래하였다.

"늙은 말은 비록 달리는 힘은 없지만 집으로 찾아가는 능력은 출중합니다. 그 지혜를 활용하시옵소서."

노마식도(老馬識途), '늙은 말이 길을 안다'는 말은 상대방이 누구든 가리지 말고 배울 점이 있으면 배우라는 의미다.

제나라 환공 시절, 관중이 환공을 모시고 고죽국을 정벌하러 봄에 떠났다. 싸움은 겨울이 되어도 끝나지 않았다. 행군을 하다가 산속에서 길을 잃자 관중이 말했다.

"이러한 경우에는 늙은 말의 지혜를 이용하는 것이 좋습니다."

늙은 말은 여러 군데를 돌아다닌 경험이 풍부하므로 길을 잘 알 것이라는 뜻이었다. 그는 늙은 말을 풀어놓고 그 뒤를 따라 길을 찾았다.

_《한비자》〈설림편〉

막심 고리키의 좋은 말

● 러시아 작가 ●

행복은 항상
그대가 손에 잡고 있는 동안에는
작아 보이지만
놓쳐보면, 곧 그것이
얼마나 크고 귀중한가를 알게 된다.

○

내일 무엇을 해야 할지 모르는 사람은 불행하다.

○

노동하는 사람들의 속에는 모든 가능성이 숨겨져 있다.

○

노인에게는 어느 곳이든 따뜻한 곳이 조국이다.

○

목표가 높은 사람일수록 재능이 더 빨리 발전하고

사회에 더 많은 도움이 된다.

나는 이러한 진리를 확신한다.

○

일을 즐겁게 하면 인생은 낙원이다.

일을 의무적으로 하면 인생은 지옥이다.

○

재능이란 자기 자신의 힘을 믿는 일이다.

○

칭찬은 평범한 사람을 특별한 사람으로 만드는 마법의 문장이다.

●

나는 무엇이든 옛것을 좋아한다. 오랜 친구, 옛 시대, 오랜 풍속, 오래된 책, 오래된 포도주.

_올리버 골드스미드(영국 시인, 수필가, 극작가)

●

내세(來世)를 생각지 않는다면 아무것도 가질 수 없다.

_J.골즈워디(영국 소설가, 극작가)

●

마음을 잃지 않는 것, 그것이야말로 우리가 아름답게 나이 들어가기 위한 최선의 방법이다.

_대니얼 고틀립(미국 심리학자, 전문의, 작가)

●

나이를 먹어 좋은 일이 많습니다. 조금 무뎌졌고 조금 더 너그러워질 수 있으며 조금 더 기다릴 수 있습니다. 무엇보다 저 자신에게 그렇습니다. (중략) 고통이 와도 언젠가는, 설사 조금 오래 걸려도 그것이 지나갈 것임을 알게 되었습니다.

_공지영(한국 작가), 《빗방울처럼 나는 혼자였다》중에서

●

70년 된 닭은 봉이 되고, 70년 된 이무기는 용이 된다.

_갈홍(중국 동진 때의 학자, 호는 포박자)

●

많은 사람이 학위를 받고 나면 더이상 공부하지 않는다. 하지만 공부는 죽을 때까지 멈추지 말아야 한다.

_조지 갤럽(미국여론조사연구소 창립자, 뉴저지주 로즈장학금위원회 의장)

●

내려갈 때 보았네!

올라갈 때 못 본

그 꽃.

_고은(한국 시인), 〈그 꽃〉

반 고흐의 좋은 말

● 네덜란드 화가 ●

나는 늙거나 추해지고,
초라해지고 약해지며 가난해지는 만큼
더욱 더 눈부시고 조화로우며 화려한 색으로
그에 복수하고자 한다.

○

반짝이는 밤하늘은 나를 꿈꾸게 한다.

지도 위에 표시된 검은 점들 위로 가듯

창공에서 반짝이는 저 별에 갈 수 없는 것일까?

어떤 도시에 가려면 기차를 타야 하는 것처럼,

별까지 가기 위해서는 죽음을 맞이해야 한다.

죽으면 기차를 탈 수 없듯, 살아 있는 동안에는 별에 갈 수 없다.

늙어서 평화롭게 죽는다는 건 별까지 걸어간다는 뜻이다.

○

위대한 성과는 소소한 일들이 모여

점차 이루어진 것이다.

○

우리가 살아가야 할 이유를 알게 되고,

자신이 무의미하고 소모적인 존재가 아니라

무언가 도움이 될 수도 있는 존재임을 깨닫는 것은,

다른 사람들과 더불어 살아가면서 사랑을 느낄 때인 것 같다.

○

인생은 너무 짧다.

세상에 용감히 맞설 수 있을 만큼 힘을 유지할 수 있는 기간은

몇 년 되지 않는다.

공자의 좋은 말

● 중국 춘추시대 철학가, 유교의 창시자 ●

지혜로운 사람은 움직이고,
어진 사람은 고요하며,
지혜로운 사람은 즐겁게 살고,
어진 사람은 오래 산다.

○

나는 열다섯 살에 학문에 뜻을 두었고,

서른 살에 뜻을 확실히 세웠으며

마흔 살에 망설이지 않게 되었고,

쉰 살에 하늘의 뜻을 알게 되었고,

예순 살에 남의 말을 순순히 듣게 되었고,

일흔 살에 마음 내키는 대로 좇아도

법도를 넘어서지 않게 되었다.

○

사람들은 사는 것이 즐거운 것인 줄만 알고

괴로운 것인 줄은 모른다.

늙는 것이 피로한 것인 줄만 알고, 편안한 것인 줄은 모른다.

죽는 것을 싫어할 줄만 알고,

죽는 것이 편안히 쉬는 것인 줄은 모른다.

○

사람은 70세가 되면

마음 내키는 대로 행동해도 대도(大道)를 어기지 않는다는

종심지경(從心地境)에 이른다.

○

아직 삶도 알지 못하는데 어찌 죽음을 알겠는가.

○

노년기에 이르러서는 혈기가 이미 쇠잔했으므로

욕심을 경계해야 한다.

괴테의 좋은 말

● 독일 시인, 작가 ●

고난이 있을 때마다
그것이 참된 인간이 되어가는
과정임을 기억해야 한다.

～～～

가장 유능한 사람은
가장 배우기에 힘쓰는 사람이다.

～～～

○

고상한 삶을 그려볼 수 있는가? 비록 무엇인가 잃어버리고
무엇인가 사라졌다 해도 지나간 과거는 뒤돌아보지 말고,
새로 태어난 사람처럼 행동하라.
그날그날 당신을 필요로 하는 일이 생길 것이고,
당신은 그 일에 최선을 다할 것이다.

○

사는 동안은 사는 것처럼 살아라!

○

시련은 나이과 더불어 가중된다.

○

사람들은 시간이 다 지나갈 때까지는
시간의 중요성을 깨닫지 못한다.

○

사람이 청춘 시절에 얻고자 했던 것은,
노년에 이르러 넉넉히 주어진다.

○

시간이 언제나 당신을 기다리고 있다고 생각하지 말라!

게을리 걸어도 결국 목적지에 도달할 날이 있으리라는 생각은

잘못이다.

하루하루 전력을 다하지 않고는 그날의 보람은 없을 것이며,

동시에 최후의 목표에 능히 도달하지 못할 것이다.

○

우유부단함은 지체를 초래하고 세월은 잃어버린 날들을 탄식한다.

당신이 할 수 있는 것 혹은 할 수 있다고 생각하는 것을 시작하라.

대담함은 마법과 권능, 비범함을 갖추고 있다.

○

우리는 둘러볼 시간을 갖기도 전에

채권자이거나 아니면 채무자이니,

우리의 뜻대로 작은 테두리 안에서 살자.

○

우리가 스스로를 기르고 가꾼다면 우리는 성장할 것이다.

이것이 변치 않는 자연의 섭리다.

○

인생에서 중요한 것은

목표를 가짐과 동시에

그것을 달성할 능력과 체력을 가지는 일이다.

○

인생을 놀며 보내는 사람은 평생 아무 일도 이루지 못할 것이며,

자신을 통제하지 못한다면 영원히 노예에 머무를 것이다.

○

즐거운 생활을 하고 싶으면 지나간 일을 공연히 염려하지 말 것,

좀처럼 성을 내지 말 것, 언제나 현재를 즐길 것,

특히 사람을 미워하지 말 것, 미래를 신에게 맡길 것.

○

지난날의 과오만큼

현재의 진실을 방해하는 것도 없다.

○

참으로 아름답다.

내가 하고 싶은 것을 위해서

공부하고, 일하고, 노력하는 이 순간이야말로

영원히 아름답다.

순간이 여기 있으리라.

내가 그처럼 보낸 과거의 날들은 영원히 없어지지 않으리라.

이러한 순간에야말로 나는 가장 큰 행복을 느낀다.

○

현재에 열중하라.

오직 현재 속에서만 인간은 영원을 알 수 있다.

○

큰일을 이루려면

나이가 들어도 청년이어야 한다.

○

진실한 죽음의 자태는

현자(賢者)의 눈에는 공포로 여겨지지 않으며,

경건한 사람의 눈에는 종말로 비치지 않는다.

색깔은 바래고 신전은 허물어지며
제국은 무너지지만, 지혜의 말들은 남는다.

_에드워드 손다이크(미국 심리학자, 사전 편찬가, 작가)

나이 75세가 되면 때로
죽음을 생각하지 않을 수 없거든.
그러나 죽음을 생각한다고 해도
나는 마음이 항상 평온하다네.
우리의 정신은 완전히 붕괴되는 존재는 아니라고
나는 확신하기 때문일세.
우리의 정신은 영원에서 영원으로 계속하는 것이며
마치 태양과 같아서
우리의 세속적인 눈으로는 지는 것처럼 보이지만,
사실은 지는 것이 아니라
간단없이 계속 불을 밝혀주고 있지.

_요한 페터 에커만(독일 작가, 괴테의 제자)의《괴테와의 대화》중 괴테의 말

●

괴테는 81세 때 쓴 《파우스트》에서 이렇게 말했다.

"이제 나는 철학도, 법학도, 의학도, 게다가 답답하게 신학까지도 열성을 다하여, 속속들이 연구했다. 그런데, 나는 이처럼 가련한 바보의 꼴이구나. 그렇다고 예전보다 더 똑똑해진 것도 없다."

●

괴테 같은 탁월한 정신의 소유자도 노년의 시간적 한계를 뛰어넘지는 못했던 것 같다. 나폴레옹 전쟁에서 돌아온 세대들은 더 이상 괴테의 문학을 이해하지 못했다. 괴테도 이것을 정확히 꿰뚫어 보고 《파우스트》 2부에서 이렇게 썼다

노년은 차가운 열정이요
노쇠한 궁핍의 혹한이라!
인간이 서른을 넘기면
때려죽이는 것이 차라리 나을지니!

서른이면 죽는 것이 낫다고? 하지만 정작 괴테 자신은 그 나이에 이탈리아를 여행했고, 큰 문학적·정치적 성과를 낳았으며, 여러 여성과 염문을 뿌렸다.

●

황혼에도 열정적인 사랑을 나누었던 괴테는 노년에 관한 유명한 말을 남긴다.

"노년의 삶은 '상실의 삶'이다. 사람은 늙어가면서 다음 다섯 가지를 상실하며 살아가기 때문이다. 건강과 돈, 일과 친구 그리고 꿈을 잃는다. 죽지 않는 자라면 누구나 맞이해야 할 노년…."

괴테의 말을 음미하라. 미리미리 철저히 준비하면 황혼도 풍요로울 수 있다.

건강

몸이 건강하지 못하면 세상 온갖 것이 의미 없다.

건강이란 건강할 때 다져놓아야 한다.

이는 다 아는 상식이지만 지난 후에야 가슴에 와닿는다.

이제 남은 건강이라도 알뜰히 챙겨야 한다.

돈

스스로 노인이라고 생각한다면

이제는 돈을 벌 때가 아니라 돈을 쓸 때이다.

돈이 있어야지, 돈 없는 노년은 서럽다.

그러나 돈 앞에 당당하라.

일

당신은 몇 살부터 노인이 되었는가?

노년의 기간은 결코 짧지 않다.

정말 하고 싶은 일을 찾아 나서자.

일은 스스로뿐만 아니라 주위 사람들에게도 기쁨을 준다.

죽을 때까지 삶을 지탱해주는 것은 일이다.

친구

노인의 가장 큰 적은 고독과 소외이다.

노년을 같이 보낼 좋은 친구를 많이 만들어두자.

친구 사귀는 데도 시간, 정성, 관심, 때론 돈이 들어간다.

꿈

노인의 꿈은 내세에 대한 소망이다.

꿈을 잃지 않기 위해선 신앙생활,

명상의 시간을 가져야 한다.

_〈좋은 사람 좋은 글〉 중에서

●

다른 사람을 도와주면 다음날 또는 백년 후에라도 반드시 도움을 받는다. 자연은 반드시 빚을 갚아야 한다. 이것은 수학적 법칙이며, 모든 생명은 수학이다.

_게오르기 구르지예프(러시아 철학가)

●

그래서 나는 죽고 나서부터가 아니라 오늘부터 영원을 살아야 하고 영원에 합당한 삶을 살아야 한다.

_구상(한국 시인)

●

호랑이는 죽어서 가죽을 남기고, 사람은 죽어서 이름을 남긴다.

_구양수(중국 송나라 시인, 역사학자, 정치가)

●

관직에 있으면서 사정(私情)을 행하면 관직을 잃을 때에 후회하고, 부유할 때에 절약해 쓰지 않으면 가난하게 될 때에 후회하며, 기예(技藝)를 젊어서 배우지 않으면 시기가 지난 때에 후회하고, 사물을 보고 배워두지 않으면 필요하게 될 때에 후회하며, 취한 뒤에 함부로 지껄이면 깨어난 때에 후회하고, 몸이 성할 적에 휴양하지 않으면 병든 때에 후회한다.

_구준(중국 북송 진종 때 재상)

●

부끄러움을 지고 살기보다 부끄러움 없이 죽는 것이 낫다.

_권별(조선 중기 학자), 《해동잡록》 중에서

Aphorism

굴원의 좋은 말

• 중국 초나라 시인 •

온 세상이 다 흐려 있었는데
나만이 맑아 있었다.
세상 사람들이 다 취해 있었는데
나만이 깨어 있었다.

○

사람은 모두 앞을 다투어 이익을 찾고,

어지간히 이익을 취득하고도 욕심을 버리지 않는다.

스스로 남을 추측하고, 마음속으로 시기한다.

동분서주하면서 구하지만, 그것은 내가 바라는 바가 아니다.

점점 늙어감에 따라, 깨끗한 이름이

세상에 전해지지 않음을 두려워한다.

아침에는 목련에서 떨어지는 이슬을 마시고,

저녁에는 목화꽃이 지는 것을 씹는다.

만일 진실로 도(道)를 따른다면 영원히 시들어버린다 해도

내 무엇을 바라리오.

권정희의 좋은 말

● 한국 언론인, 논설위원 ●

○

노년에는 어떤 꿈을 가질 수 있을까? 먹고사느라 뒤로 밀쳐놓았던 어떤 일, 그래서 평생 가슴에 응어리로 남아 있던 어떤 일을 생의 마지막에 실현하는 것만큼 좋은 꿈도 없겠다. (중략)

노년의 삶에 활기를 불어넣는 비결은 성취할 뭔가를 갖는 것이라고 한다. 달성할 목표, 이뤄야 할 꿈이 있다면 노년의 날들이 젊은 날들과 다를 수 없다. 목표점을 향해 달려가는 동안 난관에 부딪치고 도전하고 극복하는 과정들이 팽팽한 긴장감으로 삶에 생기를 준다. (중략)

'이 나이에 꿈이라니?', '그 나이에 뭘 하겠다고 공부를 하나?' 같은 말은 장수시대에 맞지 않다. 노년은 건물로 치면 잠시 거치는 야영 텐트가 아니라 번듯한 주택이다. 설계가 필요하다. 90세에 돌아보면 60세는 얼마나 싱그러운 나이일 것인가. 30년은 얼마나 긴 세월일 것인가. 남은 생애 중 가장 젊은 오늘 푸르른 설계를 시작하자.

_미주판 〈한국일보〉 칼럼 중에서

○

학위취득 최고령 기록을 가진 사람은 미국 캔자스주의 놀라 옥스라는 노인이다. 1911년생인 이 할머니는 결혼으로 학업을 중단한 후 늘 아쉬움이 있었다. 자녀들이 성인이 되고 1972년 남편이 세상을 떠나자 그는 40여 년 만에 다시 대학 강의실을 찾았다. 2007년 봄 95세에 학사학위를 취득한 놀라 할머니는 거기서 멈추지 않고 대학원에 입학해 98세에 석사학위를 받는 기록을 세웠다. 그리고 100세부터 책을 쓰기 시작했다. 여기저기 초청받아 강연까지 하느라 할머니는 가장 분주한 90대 그리고 100대를 살고 있다.

"가만히 앉아만 있지 말고 뭔가 하라. 뭔가 새로운 일을 하라"는 것이 놀라 할머니가 노년층에 주는 충고이다.

_미주판 〈한국일보〉 칼럼 중에서

어느 누구도 과거로 돌아가서
새롭게 시작할 순 없지만,
지금부터 시작하여
새로운 결말을 맺을 수는 있다.

_칼 바르트(스위스 신학자)

Aphorism

발타자르 그라시안의 좋은 말

● 스페인 작가, 철학가, 성직자 ●

가장 귀중한 사랑의 가치는
희생과 헌신이다.

아름다운 시작보다
아름다운 끝을 선택하라.

그대의 인생을 분별 있게 나누어 쓰며 여행하라.
첫 번째 여행은 죽은 자들과 대화로 시작하라.
책을 보라. 두 번째 여행은 살아 있는 사람들과
이 세상의 좋은 것들을 보고 깨달으라.
세 번째 여행은 자기 자신과 보내라.
마지막 끝자리의 행복은 철학하며 사는 것이다.

○

사람에게 주어진 시간은 한정되어 있다. 인생을 현명하게 살기 위해서는 이 한정된 시간을 어떻게 사용하느냐 하는 분배법이 매우 중요하다.

우리의 일상생활은 활동과 휴식으로 나뉘어 있다. 그리고 휴식의 시간이야말로 우리가 인생을 즐길 수 있는 행복한 시간이다. 노동은 힘들고 재미없는 법이다. 휴식은 즐겁고 쾌적한 법이다. 그렇다면 노동이 빨리 끝나는 것은 좋은 일이며, 즐거운 시간이 줄어드는 것은 좋지 않은 상태라고 할 수 있겠다. 따라서 '향락은 천천히, 활동은 신속하게'를 근본으로 삼는 것이 좋다. 즉, 시간에 강약을 주어 템포를 조절하는 것이다. 이것이 시간 분배의 요령이다.

시간을 적절하게 분배해서 사용할 줄 아는 사람은 시간을 즐기는 법을 잘 아는 셈이다. 성급하고 분주하게 인생을 보내서는 안 된다. 지식욕을 채울 때도 적당히 한도를 지켜야 하며, 알 필요 없는 것을 무조건 알려고 하는 것은 그다지 바람직하지 않다.

대부분의 사람은 인생이 끝날 무렵에야 간신히 행복을 손에 쥐게 된다. 그들은 인생을 즐기는 법을 모르는 셈이다. 인생을 전속력으로 달려 그렇지 않아도 빠른 시간의 흐름에 쓸데없는 가속도를 더하는 것이다. 평생에 걸쳐도 소화해내지 못할 것들을 단번에 먹으려 무리하고 무슨 일이든 성급하게 달려드는 동안 인생은 순식간에 지나가버린다. 편안하게 쉴 틈도 없이 전속력으로 질주하는 인생은 무의미한 인생이다. 일은 신속하게 처리하고 남은 시간을 유유자적하게 지내는 것이 현명한 처사이다.

○

선한 삶은 장수의 근본이며, 높은 덕은 장수의 비결이다. 인생을 순식간에 낭비해버리는 것은 어리석은 짓으로 이는 방탕함의 결과이다. 어리석은 자에게는 자신을 유지할 만큼의 지혜가 없으며 그럴 만큼의 의지도 갖고 있지 못하기 때문에 순식간에 자멸해버린다. 덕은 그 자체가 보수이며, 품행이 올바르지 못한 것은 그 자체로도 형벌이다. 품행이 올바르지 못한 사람은 몸과 마음 모두 단명하지만 덕 있는 사람에게는 죽음이 찾아들지 않는다. 영혼이 깨끗하면 몸도 깨끗해지고, 선량한 생활을 하면 인생의 질과 양, 외적인 면과 내적인 면, 몸과 마음 모두가 장수를 누릴 수 있다.

○

성인군자가 돼라. 이것으로 모든 얘기는 다 한 셈이다. 미덕은 모든 완벽함을 묶어주는 끈이며 행복의 중심이다. 미덕은 인간을 이성적이고 신중하고 지혜롭고 분별력 있게 하며, 현명하고 용기 있고 사려 깊고 정직하고 행복하게 만들고, 다른 이의 호감을 사고 진실되게 하여 그를 모든 점에서 영웅답게 해준다. 성스러움, 건강함, 지혜, 이 세 가지가 우리를 행복하게 만든다. 미덕만큼 가치 있는 것도 없고 악덕만큼 혐오해야 할 것도 없다. 미덕만이 진지하고 다른 모든 것은 헛되다. 미덕만 있으면 그것으로 족하다. 미덕을 지닌 이는 살아 있는 동안 사랑을 받으며 죽은 후에는 사람들의 기억 속에 남는다.

○

20대의 남자는 공작이요, 30대의 남자는 사자요, 40대의 남자는 낙타요, 50대의 남자는 종이요, 60대의 남자는 개요, 70대의 남자는 개미요, 80대의 남자는 아무것도 아니다.

●

남 탓하면 늙은 것이다.

_강신주(한국 철학가)

●

말로만 현명한 자는 현명하지 않으며 행동에서 현명한 자가 현명하다.

_그레고리 1세(로마 교황, 신학자)

●

우리는 이미 미래에 대한 통계 자료를 가지고 있다. 그 자료는 환경 오염과 인구 과잉, 지속적인 사막화 등을 보여준다. 우리는 진작부터 미래를 살고 있었다.

_귄타 그라스(독일 작가)

빌리 그레이엄의 좋은 말

● 미국 목사, 전도사, 작가 ●

우리는 태어나서
고통을 받다가 결국 죽는다.
하지만 다행스럽게도
그것을 수시로 잊게 해주는
훌륭한 묘약이 있다.
바로 사랑이다.

○

늙는다고 자각할 때부터

끈질지게 운동을 했으며 과로하지 않으려고 노력했다.

○

부족함을 깨달으면 깨달을수록

인생의 행복에 더 가까워진다.

○

용기는 전염된다.

용감한 사람이 자세를 취하면

다른 사람들도 모두 같은 자세를 취한다.

○

하나님은 우리에게 두 개의 손을 주었다.

하나는 받는 손이고 다른 하나는 베푸는 손이다.

우리는 저장하는 창고가 아니라 베푸는 통로로 지음 받았다.

●

영원히 살 것처럼 열심히 일하라. 너의 목표가 옳다면 누군가가 너의 깃발을 이어받아 계속 전진할 것이다.

_발터 그로피우스(독일 건축가)

●

공명도 너 하여라 호걸도 나 싫어서

문 닫으니 심산(深山)이요

책 펴니 사우(師友)로다

오라는 데 없건마는 흥(興) 다하면

갈까 하노라.

_기정진(조선 후기 성리학자, 노사파의 시조), 《노사문집》 중에서

●

성생활은 최고의 보약

의학적으로 적절한 수준의 성생활은 심신의 건강에 여러모로 좋다. 성행위는 심혈관계를 활성화하는 훌륭한 유산소 운동 역할을 한다. 또 심혈관계가 튼튼하면 성기능이 개선되는 등 상호 보완관계에 있다. 기묘한 정력 음식보다 성기능의 최고 명약은 운동이라는 점이 여러 연구에서 확인되었고, 그 운동에는 성생활 자체도 포함된다. 성생활을 통해 면역력이 높아지고 노화가 더뎌진다는 보고도 많다. 성생활을 잘 유지하는 경우가 그렇지 않은 경우에 비해 우울증이나 스트레스에 대한 저항력이 높다. 게다가 사랑하는 사람과의 적절한 성생활은 친밀감과 유대감을 키우는 훌륭한 정서적 영양제다.

_강동우, 백혜경(한국 성의학 전문가)

안셀름 그륀의 좋은 말

● 독일 성직자, 작가 ●

○

오, 주님, 내가 하루가 다르게 늙어가고 있다는 것,

언젠가는 노인이 된다는 것을 당신이 더 잘 아십니다.

어디에서든 내가 나서야 일이 된다는 착각을

하지 않게 하여주소서.

남의 일에 끼어들고 싶어 하는

나의 과도한 열정을 다스려주소서.

사색하되 사변적이지 않고

도움을 주되 지배하지 않는 방법을 배우게 하소서.

내게 엄청난 지혜가 쌓여 있어

혼자만 가지고 있기에는 아깝다는 것을 아실 겁니다.

그러나 주님, 내게도 친구 몇 명은 필요합니다.

잔소리 속에 불필요한 것을 낱낱이 열거하지 않게 하시고

나비처럼 날아 벌처럼 쏘는 직관을 허락하여주소서.

내 몸의 아픔과 병에 대해 침묵하는 법을 배우게 하소서.

병의 고통은 점점 심해지고 엄살에 대한 유혹은 점점 커집니다.

남의 엄살을 기쁜 마음으로 들을 수 있는 재능을 바라지 않습니다.

그저 참고 들을 수 있는 인내심을 주소서.

나도 틀릴 수 있다는, 세상에 둘도 없는 지혜를 배우게 하소서.

그리고 남에게 사랑받는 사람이 되게 하소서.

성자가 되고 싶은 생각은 없습니다.

성자, 성녀와는 밥 한 끼 같이 먹기도 불편합니다.

하지만 말도 붙일 수 없이 괴팍한 노인네가 되기는 싫습니다.

다른 사람에게서 뜻밖의 재능을 발견하는 능력을 갖게 하소서.

그리고 주님, 그 재능을 입 밖에 내는

훌륭한 재능도 겸비하게 하소서.

_《노년의 기술》중에서 〈늙어가는 사람을 위한 기도〉

그리스 속담

- 늙으면 어린아이가 된다.

- 집안에 노인이 없다면 한 사람 빌려 와라.

- 흰 머리카락은 지혜가 아니라 나이의 징표이다.

●

대부분의 사람은 늙으면 하던 일을 중지해야 한다고 한다. 그러나 우리가 하던 일을 중지하기 때문에 늙는다고 나는 생각한다.

_G.그린(영국 작가)

●

명성은 수증기와 같고, 인기는 우연한 사건과 같다. 부는 날개를 달고 있다. 오늘 칭송하는 사람이 내일 저주를 퍼부을 수 있다. 변하지 않는 유일한 것은 인격뿐이다.

_호레이스 그릴리(미국 저널리스트, 정치가)

●

배우지 않으면 빨리 늙고 쇠약해진다.

_주희(중국 남송의 유학자), 여조겸(여동래, 중국 남송의 유학자), 《근사록》중에서

●

언제까지나 젊게 있고 싶으면, 청년의 마음을 가지고 살지 않으면 안 된다.

_W.E.글래드스턴(영국 정치가, 문필가)

●

운명의 영고성쇠(榮枯盛衰)는 인간도, 인간의 가장 자랑스러운 업적도 아끼지 않으며 제국(帝國)과 도시를 똑같은 무덤에 묻는다.

_에드워드 기번(영국 역사가)

●

나는 86세가 되는 올해까지, 밑바닥에서부터 시작하여 성공하는 사람들을 수없이 보아왔다. 성공하기 위해서 가장 중요한 것은 '나도 할 수 있다'는 신념이다. 과감하게 사태에 맞서지 않는 한, 결코 명성이나 성공을 얻을 수 없다.

_제임스 번스(미국 성직자, 추기경)

●

나는 묘석에 새겨진 이름들을 읽으면서, '이 사람들에게는 조바심과 두려움이 다 끝났겠거니' 생각하며 위안을 찾는다.

_조지 기싱(영국 소설가, 수필가)

•

우리는 기꺼이 나이 들 권리가 있다. 불혹, 지천명, 이순… 나이 들수록 남을 위해 살아라, 늙어갈 용기다. 삶이 소중한 까닭은 언젠가 끝나기 때문…. 더 맘껏 살다 죽어라.

_기시미 이치로(일본 작가, 철학가, 심리학자),《늙어갈 용기》중에서

•

삶이 고통스럽고 희망이 희미해지면 세상은 '가라' 하고, 무덤에서는 '오라' 하고 손짓한다.

_아서 기터먼(미국 시인)

•

영원이란 죽은 후에 시작되는 것이 아니다.
그것은 항상 진행되고 있으며
우리들은 그 속에 있는 것이다.

_샬롯 퍼킨스 길먼(미국 여성운동지도자. 작가)

•

생의 모든 현상은 꿈 같고 환상 같고 물거품 같고 그림자 같고 반짝이는 이슬 같고 번갯불 같으니, 그대는 마땅히 그와 같이 알아야 할지니라.

_《금강경》중에서

김동길의 좋은 말

● 한국 사학자, 전 연세대학교 교수 ●

거짓말을 하지 말라.
남의 말을 하지 말라.
굽히지 말고 떳떳하게 살라.
남을 괴롭히지 말라.
언제나 약자 편에 서라.
부지런히 살라.
건강이 제일이다.
돈의 노예가 되지 말라.
친구 두서넛은 있어야 한다.
죽음 앞에 의연하라.

○

사랑만이 떠나는 자의 뒷모습을 의미 있고 아름답게 한다는 사실을 이 시간에 마음에 담았으면 좋겠습니다. 노인이라면 살아오는 동안 이미 많은 사랑을 주었겠지만, 그래도 아직 우리 가슴엔 줘야 할 사랑이 가득 고여 있음을 깨달았으면 합니다. 사랑이란 속성 자체가 퍼내면 퍼낼수록 계속 샘솟는 것임을 우리의 가슴에서 보자는 말입니다.

○

어제가 어떠했는지를 잘 알고 이해하면 오늘을 옳게 사는 일이나 내일을 내다보는 일이 그리 어렵지 않습니다. 내일을 내다보면 오늘을 어떻게 살아야 하는지에 대한 지침을 얻을 수 있습니다.

○

인생의 값진 열매를 맺게 하는 가장 중요한 양분은 금이나 은이나 돈이 아니라 불인지심(不忍之心)의 그 마음이요, 그것을 우리는 나이들어가면서 사랑의 발자취로 남기고 갈 수 있어야 합니다. 사랑하며 살아가는 노년의 모습은 그 인생의 최종 열매가 어떤 빛깔로 맺힐지를 가늠하게 하는 척도입니다.

○

오늘보다 내일 더 느리게 걸을지라도
나는 고맙다, 나의 나이듦이.
나는 고맙다, 오늘이 그리고 내일이.
_《나이 듦이 고맙다》중에서

●

재능이 남만 못하다고 스스로 한계를 긋지 말라.

_김득실(조선 중기 문인, 시인)의 묘비명

●

나는 오르고 싶은 산, 달리고 싶은 마라톤 코스를 만났을 때 가슴이 뛴다. 내 한계를 넘어서야 하는 고통의 순간에 가장 싱싱한 젊음의 에너지를 느낀다.

_김명준(한국 산악인, 마라토너, 전문 등반가. 64세에 에베레스트 정상에 올랐다)

●

내겐 아직 실패할 수 있는 꿈이 많이 남아 있다.

_김명준

●

하루에 한 시간은 반드시 책을 읽어라! 지위가 높을수록, 나이가 많을수록 다양한 종류의 책을 읽어야 한다. 나이를 먹으면 저절로 연륜이 쌓일 거라고 착각하지 말라. 나이를 먹을수록 쌓이는 건 주름살뿐이다. 제대로 된 연륜이란 세월의 흐름과 함께 생각의 폭이 넓어질 때 비로소 쌓이는 것이다.

_김무일(한국 사업가, 전 현대제철 부회장, 작가)

●

82세 제자를 맞은 98세 스승이 말했다.

"좋은 나이야, 아주. 나도 80대엔 중요한 일이 많았지."

한국 화가 김병기는 90세가 넘도록 활약하다가 106세로 사망하였다.

●

늙기 설운 줄을 모르고나 늙었는가

춘광(春光)이 덧없어 백발이 절로 났다.

그러나 소년 적 마음은 멸한 일이 없세라.

_김삼현(조선 숙종 때 시인)

●

내 잘못을 말하는 자가 나의 스승이고, 내게 좋게 말하는 자는 나의
적이다.

_김성일(조선 중기 문신, 학자)

김수환의 좋은 말

● 한국 성직자, 전 추기경 ●

남은 세월 얼마나 된다고
가슴 아파하지 말고 나누며 살다 가자
버리고 비우면 또 채워지는 것이 있으려니
나누며 살다 가자.

누구를 미워도 누구를 원망도 하지 말자.

많이 가진다고 행복한 것도
적게 가졌다고 불행한 것도
아닌 세상살이

재물 부자이면 걱정이 한 짐이요.
마음이 부자이면 행복이 한 짐인 것을~
죽을 때 가지고 가는 것은
마음 닦은 것과 복 지은 것뿐이라오.

누군가를 사랑하며

살아갈 날도 많지 않은데!
누군가에게 감사하며 살아갈 날도 많지 않은데!
남은 세월이 얼마나 된다고
가슴 아파하며 살지 말자.

버리고 비우면 또 채워지는 것이 있으니
사랑하는 마음으로
감사하는 마음으로 살다 가자.

웃는 연습을 생활화하시라.
웃음은 만병의 예방약이며 치료약.
노인을 즐겁게 하고 동자(童子)로 만든다오.

화를 내지 마시라.
화내는 사람은 언제나 손해를 본다오.
화내는 자는 자기를 죽이고 남을 죽이며
아무도 가깝게 오지 않아서
늘 외롭고 쓸쓸하다오.

기도하시라.
기도는 녹슨 쇳덩이도 녹이며
천년 암흑 동굴의 어둠을 없애는 한 줄기 빛이라오.
주먹을 불끈 쥐기보다 두 손을 모으고

기도하는 자가 더 강하다오.

사랑하시라.

소리와 입으로 하는 사랑에는 향기가 없다오.

진정한 사랑은

이해, 관용, 포용, 동화, 부드러운 대화

자기 낮춤이 선행이 된다오.

내가 사랑이

머리에서 가슴으로 내려오는 데

칠십 년 걸렸다오.

○

오늘이 삶의 마지막 순간이라고 생각하세요.

그러면 항상 최선을 다하는 삶을 살 수 있습니다.

○

윤동주의 '서시'를 좋아하지만

나는 하늘을 우러러 부끄러움이 많아서

감히 읊을 생각을 못한다.

Aphorism

김열규의 좋은 말

● 한국 문필가, 서강대학교 국어국문학과 명예교수 ●

평범한 노후는 돈으로 가능하지만,
최고의 노후는
독서와 명상, 음악듣기와 산책 등
교양이 중요하다.

○

삶의 노숙함과 노련함으로 무장한 노년이야말로 청춘을 뛰어넘는 가능성의 시기이자 가슴 뛰는 생의 시작이다.

_《노년의 즐거움》중에서

○ ·

노년을 준비하는 이들에게 오늘 하루의 긍정을 주문하고 싶습니다. 죽음을 알기에 오늘 하루 열심히 살아야 하듯이, 삶의 3분의 1인 노년을 인식하게 되면 노년은 더 이상 삶의 마무리가 아닙니다. 새로운 삶의 시작이지요. 노년에 성공하는 사람들이 더더욱 많아지면 좋겠습니다.

_《노년의 즐거움》중에서

○

독불장군이 되자면 혼자서 시간 보낼 거리가 있어야죠. 저는 다행히 글 쓰고, 음악 듣고, 산책하고…. 그런 점에서 저는 풍요롭기가 부자 중의 부자죠. 그런데 나이 먹어서 그런 즐거움을 누리려면 젊어서 미리 준비기가 있어야죠. 그러니까 노년을 미리 기피하지 마라, 장차 또 다른 미래요 희망이라고 생각하라는 말을 후배들에게 해주고 싶네요.

○

삶은 곧 시간이다. 산다는 것은 어쩌면 시간 보내기인지 모른다. 하지만 시간 보내기란 말이 그야말로 '허송세월', 곧 헛되이 시간을 날려버리는 것 같은 인상을 준다면 말을 고쳐야 한다. '시간 보내기'란 말은 피하고 '시간 쓰기'라는 말로 바꾸어야 할 것 같다. 보람되고 값어치 있게, 그리고 뜻깊게 시간을 활용해야 하기 때문이다. 산다는 것, 그것은 시간 쓰기라고 우겨도 괜찮을 것 같다. 시간 쓰기 나름으로 인생이 달라지기 때문이다. 인생은 시간에 달렸다. 시간이 인생의 값 매김을 한다.

_《아흔 즈음에》중에서

김우중의 좋은 말

● 한국 사업가, 대우 그룹 전 회장 ●

한 가지 일에 흠뻑 빠지지 않고 성공한 사람 없고,
한 가지 일에 미칠 정도로 몰두하고 실패한 사람 없다.

〜〜〜〜〜

모험 없는 기회 없고,
고통 없는 성공 없다.

〜〜〜〜〜

○

받으려면 먼저 줘라.

○

사람이 태어나서 세상에 이름 석 자를 남기고,

흔적을 남기는 것이 중요하다.

○

사용하면 할수록 더 커지는 자신의 잠재능력을 사용하라.

성취는 그대의 것이다.

○

한 세대의 희생 없이 다음 세대 발전 없고,

전 세대의 탕진된 시간과 돈은 후 세대의 고통과 눈물로 거둬진다.

●

김우중 회장은 평소 이렇게 말했다.

"연명치료 하지 마라. 어차피 가야 할 인생이라면 족적을 남기는 게 중요하지 의식 없이 연명하는 게 무슨 의미가 있을까."

김 전 회장은 상태가 악화했을 때 인공호흡기를 부착하거나 마지막 순간에 심폐소생술을 하지 않고 자연 그대로 눈을 감았다.

●

언제 어떻게 죽을 것인가를 선택할 수는 없다. 결정할 수 있는 것은 단지 어떻게 살 것인가이다. 바로 지금!

_조안 바에즈(미국 포크가수, 인권운동가)

●

그대는 살림살이가 나보다 백배나 넉넉한데 어째서 그칠 줄 모르고 쓸데없는 물건을 모으는가? 없어서는 안될 물건이 있기야 하지. 책 한 시렁, 거문고 한 벌, 벗 한 사람, 신 한 켤레, 잠을 청할 베개 하나, 바람 통하는 창문 하나, 햇볕 쪼일 툇마루 하나, 차 달일 화로 한 개, 늙은 몸 부축할 지팡이 한 개, 봄 경치 즐길 나귀 한 마리가 그것이라네. 늙은 날을 보내는 데 이외에 필요한 게 뭐가 있겠나.

_김정국(조선 중기의 학자, 호는 사재), 《선비답게 산다는 것》 중에서

행복한 노년을 위한 5금(禁)

투덜대지 말 것
아무 때나 노하지 말 것
기가 죽고 풀이 죽는 소리를 삼갈 것
노탐(老貪)을 부리지 말 것
과거를 돌아보지 말 것

자주 어울려야 안 늙는다

도쿄 건강장수의료센터는 도시에 사는 고령자 2427명을 대상으로 외출 건수와 사회적 교류 정도를 조사했다. 매일 한 번 이상 집 밖으로 나서면 외출족으로, 일주일에 한 번 이상 친구나 지인과 만나거나 전화로 대화를 나누면 교류족으로 분류했다. 그러고는 4년 후이들의 신체 활력과 자립도를 비교했다. 당연히 외출과 교류, 둘 다한 사람 점수가 가장 좋았다. 외출과 교류만 비교했을 때는 교류족이 외출족보다 신체 활력이 좋았다. 외로이 등산을 다닌 것보다 만나서 수다 떠는 게 나았다는 얘기다.

_김철중(헬스에디터),〈조선일보〉'헬스 에디터 김철중의 건강 노트' 중에서

썩지 않는 비닐 제품이 좋은 물건이 아니듯이, 인생도 그저 오래만사는 것이 좋은 삶은 아니다. 늙을 때는 늙고 죽을 때는 죽는 인생이 순리에 맞는 인생이고 또 좋은 인생이다. 욕심을 부린다고 모든일을 혼자서 할 수 있는 것은 아니다. 어차피 유한자(有限者)로 타고난 인생, 하는 데까지 하다가 웃고 떠나면 그것으로 족할 것이다.

_김태길(철학가, 작가),《겉멋과 속멋》중에서

김형석의 좋은 말

● 한국 철학가, 연세대학교 명예교수 ●

어떻게 살아가고
어떻게 늙어가고
어떻게 인생을 마무리 짓느냐?
이것이 '노년의 행복 연습'이다.

〜〜〜〜〜

게으른 인생은
미처 자신도 못 느끼는 죄악이다.
시간이 곧 생명이라는 사실을 깨닫는다면
할 일 없이 인생을 허비하는 사람은
정신적 자살과 다를 바가 없다는 것을
알게 될 것이다.

〜〜〜〜〜

○

나이가 드니까 나 자신과 내 소유를 위해 살았던 것은 다 없어집니다.

남을 위해 살았던 것만이 보람으로 남습니다.

○

나이가 많다고 마음대로 행동할 것이 아니라,

타인을 배려하고 약속을 지키는 것이

노인의 지혜이다.

○

나이가 들어서도 행복한 사람은

계속해서 공부하고 일하는 사람이다.

그로 인하여 정신적으로 성장하고

사회적 풍요를 누릴 수 있기 때문이다.

또한 노년의 행복은 아름다운 인간관계에 있다.

인간관계가 깨어지면 서글프다. 행복을 맛볼 수 없다.

나보다 유능한 사람이 있으면 양보하고 밀어주어야 한다.

○

베푸는 사람이 행복하고 가치 있는 인생을 사는 것이다. 돈을 끌어 안고 살면 인격을 잃는다.

_'더미라클스' 조찬 강연회(100세 때)

○

'무엇을 위하여 어떻게 살 것인가?' 인간이라면 누구나 고민하는 문제입니다. 소유를 목적으로 산다면 훗날 우리는 빈손으로 이 땅을 떠납니다. 그러나 예수님이 말씀하신 인생은 다릅니다. 우리는 결코 빈손으로 떠나지 않습니다. 내 인격과 인생을 소중하게 키우십시오. 일의 가치를 탐색하십시오. 그것이 소유를 위해 사는 것보다 더 중요합니다. 그리고 그런 인격을 가지고 이 땅에서 무엇을 위하여 살아야 할지 고민하십시오. 우리의 목적과 방향이 하늘을 향할 때 그 무엇과도 바꿀 수 없는 주님의 축복을 두 팔 가득 안게 될 것입니다.

_〈비전 특강〉 중에서

○

지금 나는 내 긴 인생을 후회하지 않는다. 30까지는 성실히 자신을 키웠고, 30여 년은 직장에서 최선을 다해 일했다. 70부터 30년은 더 열심히 일했다. 육체는 노쇠해졌으나 정신적으로는 그렇게 늙었다고 생각지 않는다. 금년 4월은 내가 102세를 마무리하는 달이다. 자연히 100년 과거를 회상하게 된다. 장수한 것에는 감사하지만 자랑거리는 되지 못한다. 중한 것은 오랜 세월이 아니라, 누가 더 풍요롭고 보람된 인생을 살았는가이다. 물론 장수와 보람까지 다 갖춘다면 축복받은 인생이 된다. 나에게는 일이 건강을 유지시켰고 정신력이 신체 건강도 지탱해주었다고 생각한다. 많은 고생을 했다. 그러나 그 사랑이 있는 고생이 행복이고, 행복은 섬김의 대가라는 사실을 체험했다.

_〈중앙일보〉 기사(2022년 4월 15일) 중에서

○

사람은 늙을수록 고독해지며 공직의 무대에서 밀려나게 된다. 전념해온 본업은 심한 경쟁력을 요하게 되며 후배들에게 활동 무대를 양보하는 것이 불가피해진다. 그런 환경에 놓인 노년기에 평소에 애정을 갖고 있던 취미활동에 시간을 바칠 수 있다면 큰 행복이 아닐 수 없다.

_《산다는 것의 의미》중에서

○

사명감을 가진 사람은 늙지 않는다.

_KBS 〈아침마당〉(102세 때)

○

어려서부터 과로나 무리는 안 해요. 100을 할 수 있다 하더라도 90에
서 멈춥니다. 신체적으로 건강해서 오래 사는 게 아니라 무리하지
않는 사람이 오래 사는 것 같아요.

_〈중앙일보〉인터뷰(103세 때)

○

인간이 이 세상에 태어나는 것은
그저 인내 하나 배우러 오는 것 같다.

_딸에게 한 말(97세 때)

○

항상 공부해야 합니다. 일과 공부를 안 하면 몸도 마음도 빨리 늙어요. 주변에 100세까지 산 사람 7명이 있는데 공통점이 있더군요. 첫째, 욕심이 없어요. 둘째, 남 욕을 하지 않아요. 사람은 정서적으로도 늙습니다. 내 친구인 안병욱 교수는 '젊게 사는 방법은 공부, 여행, 연애'라고 하더라고요.

_〈중앙일보〉 인터뷰(103세 때)

○

행복은 인간답게 사는 노력, 그 과정에서 주어지는 것이라고 보는 게 좋을 것 같아요. 나에게 주어진 책임과 사회적 책임을 다 맡아서, 내 인격을 갖추게 되면 행복은 자연히 따라오니까 누구든지 행복하게 살 권리가 있어요. 사람이 있는 곳에 행복이 함께한다는 사실은 경험을 통해 깨달았어요. 또 하나, 감사하는 마음이 낳는 행복도 있지요.

_〈중앙일보〉 인터뷰(103세 때)

김흥중의 좋은 말

● 한국 작가, 컨설턴트 ●

독서는 시니어에게 필요한 육체의 근력에
지식과 정보, 창조적 사고력을 바탕으로
생각 근력을 더하는 매개체이다.
보통 사람이 하루에 1시간씩만 꾸준히 읽으면
일주일에 2권, 한 달이면 8~10권,
1년이면 100권 이상의 독서를 한다.
10년이면 최소 1000권 이상 독서량이 된다.
오후반 인생을 여는 시니어에게
꾸준한 공부와 독서만이 살길이다.

○

시니어, 삶의 질을 높이는 일곱 가지 방법

첫째, 건강해야 한다

둘째, 경제적 곤궁에서는 벗어나야 한다

셋째, 원만한 인간관계와 인맥을 구축해야 한다

넷째, 일을 해야 한다

다섯째, 학습하는 습관을 가져야 한다

여섯째, 이웃을 위한 봉사활동을 해야 한다

일곱째, 꿈과 비전을 갖고 달성해야 한다.

○

시니어는 4 곱하기 20이라는 계산으로 80세까지 산다고 하자.

첫 20년은 교육을 받고 사회에 빚을 낸 채무자다.

다음 20년은 일을 하면서 채무자로서 그 빚을 갚는다.

그다음 20년은 채권자가 되고,

나머지 20년은 그 돈을 받으며 살아간다.

교육받으며 보낸 20년과 일을 하는 40년과

은퇴 생활 20년이 건강한 시니어 삶의 방정식이다.

○

시니어는 섬김을 받으려 하지 말자.

겸손하게 솔선수범으로 남을 섬기는 태도를 갖자.

섬김 리더십이 주변의 사람들에게

자발적인 동기부여를 이끌어내는 강력한 도구가 된다.

김희수의 좋은 말

• 안과의사, 건양대 설립자 •

우리 죽을 땐 빈손으로 갑니다.
'의술'이 '돈술'이 되면 어찌합니까.
돈이 아니라 인간이 먼저죠.
사람을 위해선 교육이
제일 중요하다고 믿습니다.

○

백 살도 안됐는데, 난 아직 젊은걸요. 아직도 배우고 싶은 게 잔뜩
입니다. 가만히만 앉아서 죽는 날만 기다리기엔 너무 젊은걸.

_〈중앙일보〉인터뷰(93세 때)

○

화요일은 요가와 스포츠댄스, 수요일은 골프 18홀, 목요일은 서예
에 금요일은 요가와 컴퓨터. 구순을 훌쩍 넘긴 김희수(95) 건양대
설립자가 업무를 제외한 여유 시간을 보내는 방법이다. 하루 기본
1만 8000보 걷기도 거뜬히 해낸다. 골프를 칠 때도 18홀을 카트 없
이 직접 걸어 다닐 정도.

_〈중앙일보〉기사 중에서

김희수의 건강 꿀팁 5계명

- 매일 아침 일과를 스트레칭으로 시작한다.

- 스트레칭 후, 허리를 구부려 머리를 최대한 발끝에 가깝게 하고 100까지 센다.

- 평지는 되도록 걷는다. 관절에 최대한 무리가 가지 않도록 한다.

- 새로운 것을 계속 배우며 마음을 젊게 유지한다.

- 많이 웃는다.

_〈중앙일보〉 기사 중에서

●

일반적으로 노인이라고 알려진 나이가 되는 것은 인생의 또 다른 발전적 단계로 들어서는 것이다. 다른 모든 삶의 단계와 마찬가지로 노화는 육체적 변화와 깊은 근심, 치료 불가능한 우울증을 가져오기도 하지만 희망적이고 낙관적인 생각을 갖기에 충분한 이유를 제공하기도 한다. 말하자면 노화에는 얻는 것과 잃는 것이 있다는 뜻이다. 여기에서 '발전적'이라는 말은 중요한 의미를 갖는다. 대부분의 다른 동물과 달리 인간은 생식이 가능한 나이보다 한참을 더 오래 살고, 사는 내내 발전을 거듭한다. 우리가 인생의 꽃이라고 생각하는 중년기를 생각해보면 이 말이 사실임을 알 수 있다.

_서원 B. 닐랜드(미국 외과의사)

나옹선사의 좋은 말

• 고려 말 고승 •

명예를 탐내고
이익을 욕심내어 허덕이던 자,
그 마음을 채우지 못하고
헛되이 백발이 되네.

〰〰〰

백 년도 이 잠깐 동안이니,
광음(光陰)이 등한(等閑)하다
생각지 말라.

〰〰〰

고려 공민왕 때 왕사를 지낸 나옹선사(본명: 나옹혜근(懶翁惠勤),
1320~1376)가 아직 승려가 되기 전 20세 때, 이웃 친구가 죽는 것
을 보고 '죽으면 어디로 가느냐'고 어른들에게 물었으나, 아는 이가
없으므로 비통한 생각을 품고 출가해 승려가 됐다. 나옹선사는 중
국 원나라에 가서 지공 스님을 만나서 깨닫게 되어 그 답을 얻은 다
음 귀국했다. 동생의 출가를 애통해하던 나옹선사의 누님이 동생
스님을 만나 법문을 듣고서 역시 깨달음을 얻고 유명한 다음 시 〈부
운(浮雲)〉을 지었다고 한다.

빈손으로 왔다가 빈손으로 가는 것, 이것이 인생인데
날 때는 어디에서 왔다가 죽어서는 어디로 가는가?
태어나는 것은 한 조각 뜬구름이 이는 것이요,
죽는 것은 한 조각 뜬구름이 스러지는 것.
뜬구름 자체는 본래 실체가 없듯이
생사의 오고 감도 이와 같거니.
오직 한 물건이 있어 항상 홀로 빛나니
맑고 밝아 생사에 시달리지 않는도다.

좋아하는 일을 하다 죽을 것이고,
죽음이 곧 퇴직인 삶을 살 것이다.

_구본형(한국 작가, 변화경영연구소 소장)

나이팅게일의 좋은 말

● 영국 백의의 천사, 세계 최초의 간호학교 설립자 ●

주어진 삶을 살아라.
삶은 멋진 선물이다.
거기에 사소한 것은
아무것도 없다.

○

위험이 있는 곳에 기회가 있고, 기회가 있는 곳에 위험도 있다.
이 둘은 분리될 수 없다. 이 둘은 함께한다.

○

일은 인류의 모든 고질병과 액운을 치유하는 데
가장 효과적인 약이다.

●

백의(白衣)의 천사로 알려진 나이팅게일은 평생 의료계에 종사하다가 90세에 세상을 떠날 때 묘비에 '1820년에서 1910년까지 생존'이라는 글귀만을 남기라고 유언했다고 합니다.

●

병은 미리 걱정하는 데서 생기고, 일찍 죽음은 보호를 잘못하는 데 있다.

_김시습(조선 전기의 학자. 생육신의 한 사람)

●

장수하는 방법은 말을 삼가고 음식을 절제하며 탐욕을 줄이고 잠을 적게 자며 기쁨도 분노도 지나치지 않는 것이다.

_김시습

●

우리의 존재는 영원한 암흑 속에서 일어난 짧은 전기 누전에 지나지 않는다.

_블라미르 나보코프(러시아 출신의 미국 작가)

Aphorism

아나이스 닌의 좋은 말

● 아네 냉, 프랑스 태생의 미국 작가 ●

나는 살고, 아프고,
실수하고, 모험하고,
주고, 사랑함으로써
죽음을 늦춘다.

○

노화는 당신을 사랑으로부터 보호하지 않지만,

사랑은 어느 정도 당신을 노화로부터 보호합니다.

○

용기가 있느냐 없느냐에 따라

인생은 확대되기도 하고 축소되기도 한다.

○

아주 작은 구름 한 점이

여러분의 전체를 가리지 않도록 하세요.

노익장(老益壯)

●

낡은 마차가 오래 달린다.

_남아프리카 속담

●

늙을수록 더욱 건장하다.

늙을수록 더욱 굳은 의지를 갖춘다.

_《후한서》〈마원전〉

●

한나라 말기 부풍군 출신으로 힘이 천하장사에 명장인 마원(馬援, 기원전 14~기원후 49)은 대기만성 형 인물로, 고향에서 죄수들을 다른 곳으로 이송하는 관리였다. 그런데 하루는 죄수들을 이송하다가 그들이 너무 괴로워하며 애절하게 부르짖는 소리를 듣고는 동정심을 못 이겨 모두 풀어준 뒤 북쪽으로 도망치고 말았다. 그 후 후한 광무제 때 대장군이 되어 큰 공을 세운 그는 평소에 이렇게 말하곤 했다.

"사나이란 어려운 형편에 처할수록 더욱 굳세게 버티어야 하고 늙을수록 더욱 건장해야만 한다."

_이동진(한국 작가, 전 나이지리아 대사),《동서양의 고사성어》중에서

●

나는 살았을 때를 위한 계획을 세우는 자는 보았어도 죽을 때를 위한 계획을 세우는 사람은 보지 못했다. 나는 자손을 위한 계획을 세우는 자는 보았어도 자기 자신을 위한 계획을 세우는 사람은 보지 못하였다.

_내사행(중국 명나라 때의 문인)

파블로 네루다의 좋은 말

● 칠레 시인, 노벨상 수상자 ●

죽음은
유일한 속세의 생명에
막을 내리는 동시에
또 다른 막을 올려
그의 눈부신 면을
영원히 빛나게 한다.

〰〰〰

인간이 자신의 인생 여정을
끝까지 무사히 걸어간 후에
죽음을 맞이할 수 있다면
그보다 더 행복한 일은 없을 것이다.
이는 쓰디썼던 열매가 다 익은 후에
자연스럽게 떨어지는 것과 같은 이치이다.

〰〰〰

노년기 운동 10대 수칙

- 생년월일로 정해진 나이는 신체 연령과 다르며 개인차가 크다.
- 운동량과 방법은 체력 및 건강상태에 따라 맞춤 운동을 한다.
- 운동은 하루도 빠짐없이 1년 365일 한다.
- 운동 강도는 그날그날 컨디션에 따라 변화를 준다.
- 운동 전후 준비 운동과 마무리 운동은 꼭 한다.
- 스트레칭은 매일 아침 저녁 10분 이상 한다.
- 운동 강도는 자신의 최대 운동능력의 60%를 넘지 않는다.
- 갑자기 방향 전환해야 하는 동작은 피한다.
- 속도감 있는 격렬한 운동은 자제한다.
- 운동 후 통증 등 이상 증상은 부상이나 부작용의 적신호다.

_삼성서울병원 스포츠의학센터

아름답게 늙어가는 법
(아름다운 노년 생활을 위한 '노인 10계명')

- 자식으로부터 독립할 수 있어야 한다.

- 그러나 은퇴 준비는 돈만이 다가 아니다.

- 함께 즐기며 행복할 수 있는 인간관계를 만들어두라.

- 건강을 유지해야 한다.

- 마음을 비우고 편안을 찾아라.

- 깔끔한 노인으로 남아라.

- 늙었어도 학생으로 남아라.

- 참여하고 봉사하라.

- 미치도록 하고 싶은 일을 찾아 나서라.

- 노인은 여행을 하라.

_〈세종신문〉 중에서

어디에서 왔는가? 어디로 가는가?
가고 옴에 자국이 없거늘
사람들은 마냥 백년 살 생각이네.

_김인후(조선 문신, 유학자)

웃으며 살아가는 날들

●

헐벗고 굶주린 아프리카 사람들을 위해 일생을 바쳤던 슈바이처 박사는 90세까지 건강하게 살았으며, 가난한 이들의 어머니였던 마더 테레사는 87세까지, 그리고 사랑과 헌신의 메신저였던 나이팅게일도 90세까지 건강하게 살다 갔다. 이들은 모두 사랑과 웃음을 나누는 데 앞장섰던 사람들이다.

●

웃는 사람은 웃지 않는 사람보다 더 오래 산다. 하지만 실제로 건강이 웃음의 양에 달려 있다는 것을 아는 사람은 거의 없다.

_제임스 월시(영국 가수)

●

웃음은 모든 일을 물러나서 보게 한다. 어린 시절 부드러웠던 몸이 나이 들면 굳어가듯이 가득했던 웃음도 나이 들어감에 따라 사라져간다. 몸의 부드러움을 잃지 않기 위해 스트레칭이 필요하듯이, 웃음을 잃지 않기 위한 노력도 필요하다. 웃음을 가꾸고 익히면 웃음이 몸에 밸 것이다. 웃음이 몸에 배면 행복해진다. 행복해서 웃지만 웃으면 행복해진다.

_노만택(한국 의사, 작가),《웃음의 건강학》중에서

●

백발노인으로서 가장 좋은 점은 내일 벌어질 일에 대해 덜 신경을 쓴다는 점이다. 내일이라는 시간이 더 적게 남아 있기에 그러하다. 이것은 신문과 텔레비전에서 자신의 의견을 강하게 피력하는 저널리스트에게는 엄청난 무기이기도 하다. 누가 감히 나이 든 늙다리를 협박할 것인가? 아, 인생은 참으로 즐거운 것이다.

_로버트 노박(미국 칼럼니스트, 월스트리트저널 기자, AP통신 기자)

●

생존은 매 순간이 생의 마지막인 양 최선을 다해 그저 살아가는 것.

_성간(조선 제일의 문신), 〈노인행(老人行)〉

노인과 장수

봉사하면 오래 산다

스탠퍼드대학 칼 소렌슨 교수팀의 연구를 소개한다. 이들은 봉사 활동에 열심히 참여하는 노인들의 사망률을 그렇지 않은 노인들과 비교했다. 연구팀은 우선 캘리포니아에 거주하는 55세 이상의 남녀 2025명을 조사했다. 두 가지 이상의 봉사 활동에 참여하고 있으면 '열심히 봉사하는 사람', 한 가지 봉사 활동만 하면 '봉사하는 사람', 전혀 하지 않으면 '봉사하지 않는 사람'으로 구분했다. 이후 이들을 5년 동안 관찰했는데, 이 기간에 남자 203명과 여자 247명이 사망했다. 사망률은 100명을 10년 동안 관찰했을 때 몇 명이 사망하는지로 환산해 비교했는데, 봉사와 사망률의 관계는 확실했다. '봉사하지 않는 사람' 100명은 10년 동안 30명이 사망했는데, '봉사하는 사람'은 24명이 사망했고, '열심히 봉사하는 사람'은 단 13명만 사망했다. 정교하게 계산해보면 '열심히 봉사하는 사람'의 사망률은 '봉사하지 않는 사람'에 비해 44%나 적었는데, 일주일에 네 번 이상 운동하는 것이 사망률을 30% 정도 줄였다는 점과 비교하면, 봉사가 사망률에 미치는 영향은 대단하다.

_임재준(한국 의사), 〈중앙일보〉 칼럼 중에서

삶의 의미 느끼며 사는 노인, 치매 위험↓

노년에 삶의 목적이나 의미를 느끼며 살아간다면 치매 위험을 줄일 수 있다는 연구 결과가 나왔다.

영국 유니버시티칼리지 런던의 조슈어 스토트 임상심리학 교수 연구팀이, 3개 대륙에서 총 6만 2250명의 노인을 대상으로 진행된 8건의 연구 논문 자료를 종합 분석한 결과 이 같은 사실이 밝혀졌다고 일간 데일리메일 인터넷판이 보도했다.

삶의 목적이나 의미를 느끼며 사는 노인은 다른 노인들에 비해 임상적 증상이 나타나는 심한 인지장애 발생 위험이 19% 낮은 것으로 나타났다고 연구팀은 밝혔다.

이는 심한 기억력, 언어능력, 사고력 저하가 나타날 가능성이 그만큼 작고 따라서 치매가 발생할 위험도 그만큼 낮아진다는 것을 의미한다고 연구팀은 설명했다.

삶의 목적의식이 강하면 치매 예방에 도움이 되는 운동이나 사회활동에 참여할 가능성이 커지기 때문이라고 연구팀은 지적했다. 또한 스트레스 회복과 뇌의 염증 감소에 도움이 된다는 연구 결과들도 있다.

_〈연합뉴스〉 기사 중에서

이시형의 좋은 말
● 한국 정신과 전문의, 작가 ●

장수는 오래 사는 것만을
의미하지는 않는다.
건강하게 오래 사는 것이
진정한 장수다.

세계적인 건강연구소의 많은 학자가 공통적으로 추천하는 몇 가지를 명심하고 실천하도록 하자. 어려운 주문도 아니다. 조금만 의식하고 노력하면 될 일들이다.

1 신선한 야채, 과일 등 자연의 식물을 섭취한다.

2 지방, 특히 포화지방이나 콜레스테롤이 높은 음식은 피한다.

3 비타민 B12, B6, DHA, 오메가3 지방산을 많이 섭취한다.

4 규칙적인 운동을 한다.

5 밝고 평화로운 마음을 갖는다.

6 태양 아래 바람을 맞으며 땅 위를 걷는다.

_《행복한 독종》중에서

○

하버드대학의 알렉산더 리프 박사가 이끈 연구팀이 장수촌 세 곳을 방문 연구조사한 결과가 1970년대 〈내셔널 지오그래픽〉에 시리즈로 실려 있는데… 이들 지역의 공통적인 특징 몇 가지를 요약해보면 다음과 같다.

1 지리적으로 현대 과학문명과 거리가 먼 오지에 있다.

2 조상 대대로 내려오는 전통 그대로 살고 있다.

3 산비탈의 고지여서 생활 자체가 하루 종일 오르내려야 하는 고된 일과 속에 있다.

4 남녀노소 모두가 열심히 일을 하고 있다.

5 조급할 일도 없으며 스트레스도 없다.

6 노래와 춤을 즐기고 잘 웃는다.

7 서로 의지하고 사랑하고 돕는다.

8 고령자를 존경한다. 고령자 스스로도 대단한 자부와 긍지를 갖고 있다.

9 신선한 채소, 과일, 곡류가 주식이며, 육류는 특별한 날에만 먹는다.

10 소식을 생활화한다.

11 식사시간엔 여럿이 함께 어울려 오래 씹어가며 천천히 먹는다.

_《행복한 독종》중에서

노자의 좋은 말

● 중국 춘추시대의 철학가, 도가(道家)의 창시자 ●

사람들을 인도하려면
그들 뒤에서 걸으라.

움직이는 개미가
조는 황소보다
더 많은 일을 한다.

118

○

강해지려면 흐르는 물처럼 되어야 한다. 장애물이 없으면 유유히 흐르고 장애물이 있으면 흐르지 않는 법이다. 물은 부드럽고 마음 대로 흐르기 때문에 가장 불요불급(不要不急)하고도 강한 것이다.

○

그대가 갖고 있는 것에 만족하라. 매사를 있는 그대로 즐겨라. 부족한 것이 아무것도 없다는 사실을 깨달으면 온 세상이 그대의 것이 되리라.

○

늘그막의 질병은 모두가 젊었을 때 불러들인 것이요, 쇠퇴한 후의 재앙은 모두가 번성했을 때에 지은 것이다. 그러므로 성하고 가득 찬 것을 지니고 누릴 때 더욱 조심해야 한다.

○

모든 일에 예방이 최선의 방책이다. 없앨 것은 작을 때 미리 없애고, 버릴 물건은 무거워지기 전에 빨리 버려라.

○

적게 버리면 적게 얻고, 버리지 않으면 얻을 수 없다.
크게 버려야 크게 얻는다.

○

장수하는 사람은 열에 셋이고, 단명하여 요절하는 사람도 열에 셋이고, 장수를 누릴 수 있는데 스스로 죽음에 뛰어든 사람도 열에 셋이다. 이것은 무슨 까닭인가? 너무나 귀하고 풍요롭게 즐긴 까닭이다.

○

지식을 얻고 싶으면 매일 늘려가라. 지혜를 얻고 싶으면 매일 없애라.

○

한 아름이나 되는 큰 나무도 작은 싹에서 시작되고, 구 층이나 되는 높은 누대라도 한 줌의 흙에서부터 시작된다. 천 리 길도 한 걸음에서 시작되는 것이다. 마지막에 이르기까지 처음과 마찬가지로 주의를 기울이면 어떤 일도 해낼 수 있을 것이다.

○

눈에 보이는 것이 유익하기는 하지만,
핵심적인 것은 눈에 보이지 않는다.

○

행복할 때 불행을 대비하라.

○

우두머리가 되라. 단, 결코 지배자는 되지 말라.

노화란?

1 쇠퇴

20세 이후부터 뇌세포가

일 년에 수백만 개씩 죽는다.

2 자연의 흐름에 따른 변화

젊은 여성의 매혹적인 금발도

나이가 들면서 사랑스러운 백발로 바뀐다.

3 죽기 직전까지 계속해서 성장하는 것

떡갈나무나 특등급 와인 샤토 마고처럼.

_조지 베일런트(하버드대학교 의과대학 교수),《행복의 조건》중에서

'노화' 늦추는 일상 속 생활 습관 7가지

'노화를 막을 순 없어도 늦출 수는 있다'는 말이 있다. 나이 들어 늙는 것은 인간의 숙명이지만, 노화의 속도가 유난히 빠른 사람이 있다. 장기간 나쁜 잘못된 생활 습관을 이어가는 사람들이다. 음식 선택이나 삶의 방식에서 잘못된 행동을 하는 것이다. 그렇다면 일상에서 노화를 늦추는 방법은 없을까?

1 노화는 어떻게 일어날까?

노화란 나이가 들어가면서 몸의 구조와 기능이 점진적으로 퇴화하는 것을 의미한다. 몸의 세포 분화와 증식이 줄어들어 기존의 것을 갉아먹으면서 퇴화를 촉진한다. 겉으로 드러나는 피부 주름뿐 아니라 몸속 장기의 기능이 떨어지고 스트레스, 질병에 대항하는 힘이 떨어진다. 노화는 시작 시기, 속도, 범위가 개인차가 매우 크다. 유전, 환경, 생활양식, 영양 섭취 등이 영향을 미친다. 젊을 때부터 좋은 습관을 유지하면 노화를 늦추는 데 큰 도움이 된다.

2 아침 물 한 잔의 힘… 몸의 기능 유지의 바탕은 '물'

아침에 일어나면 물부터 마시는 사람이 있다. 매우 좋은 습관이다. 잠자는 동안 뚝 떨어진 몸의 신진대사를 끌어올리는 데 맹물만 한

게 없다. 빈속에는 인공 첨가물이 들어간 음료수보다 맹물이 훨씬 낫다. 신진대사는 몸속의 '헌 것'을 '새로운 것'으로 바꾸는 작업이다. 낡은 세포를 새 세포로 바꾸는 작업은 신진대사가 원활해야 잘 된다. 7~8시간 자는 동안 수분이 끊어진 혈액은 더욱 끈끈해져 심장병(협심증, 심근경색), 뇌졸중(뇌경색, 뇌출혈) 등 혈관 질환 악화의 원인이 된다. 아침 물 한 잔이 몸 전체의 노화를 늦추는 출발점이다. 하루에 7~8잔은 마시는 게 좋다.

3 채소 · 과일이 싫은 사람들… "약으로 생각하고 드세요"

몸에 좋은 채소·과일을 유난히 싫어하는 사람이 있다. 아이 때 음식 속의 파, 양파를 골라내는 행동을 어른이 되어서도 한다. 채소·과일은 대표적인 항산화 식품이다. 수많은 생리활성물질이 농축되어 몸의 '산화'를 늦추는 작용을 한다. 산화는 일종의 노화 현상이다. 강철이 녹스는 것도 산화작용 때문이다. 몸에 나쁜 활성산소를 다스리지 못하면 각종 장기의 손상을 불러오고 암까지 걸릴 수 있다. 채소·과일이 싫다면 맛보다는 '약'이라는 생각을 하자. 비싼 영양제보다 자연 그대로의 채소·과일이 안전하고 효과 높은 천연항산화제다.

4 겉의 피부 노화보다… 더 심각한 몸속 혈관의 노화

노화는 피부 상태로만 판단할 수 없다. 오히려 더 중요한 것이 몸속 혈관 상태다. 나이가 젊은데도 혈관 기능이 급속도로 나빠져 노년층보다 더 안 좋은 사람이 있다. 흡연과 육류 등 포화지방 음식을 즐기고 운동 부족인 사람은 이른 나이에 혈관 속에 중성지방과 나쁜 콜레스테롤이 쌓여 고혈압, 동맥경화, 심장병 등 혈관 질환이 빨라질 수 있다. 통곡물 음식, 등 푸른 생선(고등어, 참치, 삼치 등), 좋은 기름(들기름, 올리브유) 등 불포화지방 섭취를 늘려 혈관의 탄력을 유지해야 한다.

5 가공육, 과자 달고 사는 사람들… "음식 가려 드세요."

식사 대신 쿠키나 케이크 등을 즐기는 사람이 있다. 포화지방이 많은 육류의 기름진 부위를 잘 안 먹어도 공장을 거친 과자를 달고 산다면 몸속 노화를 촉진할 수 있다. 과자 등에 사용하는 마가린은 트랜스 지방이 많다. 나쁜 콜레스테롤(LDL)을 늘리고 좋은 콜레스테롤(HDL)을 감소시켜 몸속 염증의 원인이 된다. 베이컨, 소시지, 햄과 같은 가공육은 보존 처리 과정에서 생성되는 물질이 문제다. 훈제, 소금 절임, 튀김 등도 절제해야 몸속 노화를 늦출 수 있다.

6 너무 피하거나 쬐어도 안 되는데… 햇빛을 어떻게 할까?

피부 노화의 주범은 자외선이다. 노화의 시작은 눈이다. 녹내장, 황반변성 등 눈의 노화로 인한 눈병도 자외선이 큰 영향을 미친다. 외출할 때 자외선 차단제를 바르고 선글라스, 모자를 쓰는 것도 자외선을 피하기 위해서다. 하지만 무조건 햇빛을 피하다 보면 다른 부작용을 불러올 수 있다. 뼈 건강과 면역력에 좋은 비타민 D 생성에 문제가 될 수 있다. 최근 자외선 차단제의 과도한 사용으로 비타민 D 부족이 부각되고 있다. 오전 시간을 이용해 30분 정도 맨살에 햇빛을 쬐는 게 좋다. 햇빛을 무조건 피하는 것이 능사가 아니다.

7 잘못된 생활 습관 빨리 바로잡기… "무릎, 허리 퇴화 조심하세요"

요즘은 많이 개선되었지만 과거 쪼그려 앉아 가사를 하던 여성들이 많았다. 무릎을 꿇고 청소를 했고 무거운 물건을 예사로 들었다. 등산도 스틱 없이 가파른 비탈길을 내려온다. 퇴행성 관절염이 진행되면 노화를 실감한다. 피부 노화는 몸의 움직임에 제약이 없지만 무릎, 허리 노화는 삶의 질을 위협한다. 제대로 걸음을 못 걷는데, 피부 탄력이 무슨 소용이 있을까… 중년이 되면 허리, 무릎 관리에 각별하게 조심해야 한다.

_〈코메디닷컴〉기사

노화 방지에 좋은 음식 5

음식은 건강하게 나이 들어가는 데 있어서 가장 중요한 요소이다.
전문가들은 '다양한 채소와 과일, 단백질이 풍부한 살코기, 불포화
지방과 섬유질이 풍부한 곡물, 저지방 유제품을 많이 먹고, 염분,
당분과 칼로리가 높은 가공 식품을 피하는 게 항노화의 지름길'이
라고 말한다. 〈투데이닷컴〉에서 소개한 노화를 막는 음식 5가지를
보자.

블루베리(다양한 베리 류에는 블루베리와 비슷한 효능이 있다)
아몬드(하루 권장량은 28그램)
연어(정어리, 홍합, 청어, 송어, 광어 등)
녹차(너무 뜨겁게 마시지 않아야 한다)
양배추, 브로콜리, 콜리플라워 등의 십자화과 채소

존 헨리 뉴먼의 좋은 말
● 영국 성직자, 추기경 ●

당신의 생명이
끝날 것을 두려워할 게 아니라,
결코 다시 시작할 수 없다는 것을
두려워하시오.

〜〜〜

성장은 삶의 유일한 증명이다.

〜〜〜

우리는 원하는 것을 다 갖고 있지 않으니,
갖고 있는 것으로 활동합시다.

〜〜〜

뼈 노화를 예방하는 식품 5가지

미국의 식품 건강 전문 웹 미디어인 〈저것 말고 이것 먹어〉는 '영양사가 들려주는 뼈 노화 방지를 위한 최고의 식품 5가지'라는 기사에서 뼈 노화를 막아주고 강하게 하는 식품들을 소개했다.

달걀
우유와 두유 등 식물성 유제품
그리스식 요구르트
버섯
강화 오렌지 주스

음악 가까이하면 노화 늦춰진다

미국 노스웨스트대학교
청각신경과학연구소 연구팀의 연구 결과
음악을 늘 가까이하고 연습을 하면
노화를 늦출 수 있는 것으로 나타났다.

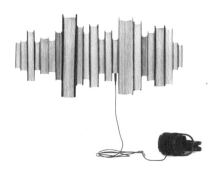

뉴로빅

뉴로빅은 신경세포 뉴런(Neuron)과
유산소운동 에어로빅(Aerobics)을 합친 말이다.
새로운 활동이나 경험을 통해
뉴런을 자극하고 훈련시키면
운동을 하여 신체가 좋아지듯
뇌가 활성화되고 노화도 줄일 수 있다는 뜻이다.

뉴로빅은 미국 듀크대학 로런스 키츠 박사의 뇌 훈련 프로그램 '뇌를 일깨우는 에어로빅'에서 비롯됐다.

아이작 뉴턴의 좋은 말

● 영국 수학자, 물리학자 ●

교만의 시작은 하늘이요,
교만의 진행은 이 땅이며,
교만의 마침은 지옥이다.

○

더 적어도 될 때에 더 많은 것은 낭비다.

자연은 단순함을 좋아하고,

쓸데없는 원인의 허식을 싫어하기 때문이다.

○

오늘 할 수 있는 일에 최선을 다해라.

뇌를 활성화하는 새로운 활동 사례

- 안 쓰는 손 쓰기 (오른손잡이는 왼손 쓰기)
- 내비게이션 없이 익숙하지 않은 길 운전하기
- 새로운 악기 도전
- 타이핑 대신 손으로 글쓰기
- 평소 사용하지 않는 외국어 학습
- 휴대전화 속 전화번호 외워보기
- 한 번도 안 가본 동네 걷기
- 새로운 단어를 찾아서 하루에 다섯 번 말해보기
- 사교 댄스 배우기
- 냄새, 맛, 그림 등으로 오감 자극하기

노화를 예방하는 식품들

중국의 유명한 성 고전《소녀경(素女經)》에 나오는 전설적인 여인, 소녀(素女)는 무청을 먹고 백 살 넘게 살았다고 한다. 즉, 무청은 불로강정(不老剛正)의 식품이다. 또한 호박은 노화물질을 무해물질로 바꿔주기 때문에 장수식품으로 꼽히며, 당근은 노화 촉진 물질을 해독하고 만병을 고치는 영양식품이다. 사과는 '영원한 청춘'을 누릴 수 있는 불로장생(不老長生) 식품으로 알려져 있다. 복숭아는 동방삭과 손오공이 먹고 장수했다는 불로식품으로 유명하다. 살구는 항노화, 항병 작용이 강하고 항암 성분도 있어서 '살구꽃 피는 마을에는 전염병이 없다'는 말이 있을 정도이다. 달맞이꽃은 생리 활성 물질을 갖고 있어서 노화를 방지하고, 벼와 비슷하게 생긴 여러해살이풀인 줄은 암과 치매를 억제하는 효능이 있으며 뇌의 노화방지 역할을 한다. 마늘은 체열을 조장하고 신진대사를 촉진하는 강력한 양성식품이며, 식초는 '회춘 비타민'으로 불리는 진액(津液)을 생성하며 혈액을 맑게 한다. 하수오는 탈모와 백발을 막고 노인성 소양증(少陽症)을 다스리는 노화 예방약이며, 양파는 성기능을 촉진하고 피의 흐름을 부드럽게 하며 세포에 활력을 준다. 달팽이는 '한밤의 요리'로 알려진 초강력 정력제이며, 체력을 강인하게 한다. 영지버섯과 무용버섯은 면역력을 높여 젊게 해주는 불로

초로 알려져 있으며, 표고버섯은 성인병을 예방하고 노화를 방지하며 피부 주름까지 없애준다. 소나무 뿌리에 생기는 버섯 복령은 항노화, 항스트레스 작용이 강한데, 신선들이 먹던 음식이라고 한다. 고등어는 세포를 활성화시키면서 편두통을 치료하고 성인병을 예방하며, 해삼은 노화를 방지하는 콘드로이틴 성분과 요오드가 풍부하다. 다시마는 혈액순환 및 신진대사를 원활하게 하고 장에 필요한 균의 성장을 도와준다.

능행 스님의 좋은 말

● 한국 승려, 정토마을자재요양병원 병원장 ●

삶이 나에게 어떻게 살 것이냐고 질문할 때
그 질문에 적합한 답은 내가 원하는 삶이며,
죽음이 나에게 어떻게 죽을 것이냐고 질문할 때
적합한 답은 나의 삶이 만족을 경험하도록
살아내는 것이다.

○

밀물이 오고 썰물이 가듯이 우리가 이 세상에 왔다 가는 것도 그와 같다. 생명이 있는 모든 것은 왔다가 간다. 왔다가 간다는 것, 근사하지 않은가. 꽃이 피어 왔다가 다음 봄에 또 오듯이.

《숨》중에서

○

아름다운 마지막, 그날을 준비해야 한다. 미래를 위해 일하고 벌고 모으는 것이 아니라 아름다운 죽음을 위해 지금을 살고 쓰고 떠나고 나누어야 한다.

○

죽음은 느닷없이 찾아온다. 어찌 보면 죽음은 예의가 없다. 당신에게 언제 가겠다고 다정히 먼저 연락하지 않는다. 예고도 없이 불시에 찾아와 당신을 사뭇 당황스럽게 만든다. 죽음은 부자와 가난한 자를 차별하지 않으며 학벌과 지위를 논하지 않는다. 또한 나이를 구분하지 않는다. 그러므로 죽음은 삶처럼 공평하지 않다.

●

단기적으로 보든 장기적으로 보든 실패란 없다. 생은 힘들고, 먼 길을 여행하는 것과 같다. 수없이 많은 걸음 중에서 당신을 목적지에 닿게 해줄 마지막 발걸음이 있을 것이다. 그러므로 장애물 때문에 돌아갔던 걸음과 그 이전의 모든 걸음을 실패로 여기지 말라. 한 걸음 한 걸음이 당신을 목적지에 보다 가깝게 다가가게 해준다. 당신은 항상 걸어야 한다. 배우고, 발견하고, 발전하는 그 자체가 당신의 영원한 목적지이다.

_니사르가닷따 마하라지(인도 구루, 철학가)

장수할 수 있느냐 없느냐는
생활 속에서 좋은 유전자를
활동하게 하느냐
나쁜 유전자를 활동하게
하느냐에 달려 있다.

_마오싱 니(중국 의사, 강연가, 작가)

스콧 니어링, 헬렌 니어링의 좋은 말

● 미국 작가, 환경운동가 ●

적극성, 밝은 쪽으로 생각하기
깨끗한 양심 갖기, 바깥 일과 깊은 호흡,
채식주의, 저칼로리식은
생활에 활력을 주고 수명을 연장시켜준다.

〜〜〜〜〜〜

나무의 꼭대기가
언제나 꼭대기로 남아 있는 것은 아니다.
다른 가지들이 점점 더 높이 자란다.

_《아름다운 삶, 사랑 그리고 마무리》중에서

〜〜〜〜〜〜

○

당신과 함께 있어서 좋았소, 여보.

당신은 매우 훌륭한 동료였소. 매우 사랑스러운,

정말 만족스러운 삶이었소. 이보다 더 나을 수는 없을 거요.

좋고, 또 좋았소. 당신과 함께 있어서 좋았소.

○

우리는 돈을 벌 생각이 없다. 또한 남이 주는 월급을 받거나 무언가를 팔아 이윤을 남기기를 바라지 않는다. 오히려 우리의 바람은 필요한 것들은 될 수 있는 대로 손수 생산하는 것이고, 그럼으로써 먹고사는 일을 해결하는 것이 일차 목적이다. 한 해를 살기에 충분할 만큼 노동을 하고 양식을 모았다면 그 다음 수확기까지는 돈 버는 일을 하지 않을 것이다. 일은 사람이 늙는 것을 막는 데 도움을 준다.

○

일이 곧 내 삶이다. 나는 일이 없는 삶을 생각할 수 없다.

일하는 사람은 결코 권태롭지 않고 늙지 않는다.

희망과 계획의 자리에 후회가 들어설 때 사람은 늙는다.

일과 가치 있는 것들에 대한 관심이

늙음을 막는 가장 훌륭한 처방이다.

○

시골로 가니 희망이 있었다.

_《조화로운 삶》중에서

프리드리히 니체의 좋은 말

● 독일 철학가 ●

모든 시작은 위험하다.
그러나 무엇을 막론하고, 시작하지 않으면
아무것도 시작되지 않는다.

≈≈≈≈

죽는 것은 이미 정해진 일이기에 명랑하게 살아라.
언젠가는 끝날 것이기에 온 힘을 다해 맞서자.
시간은 한정되어 있기에 기회는 늘 지금이다.
울부짖는 일 따윈 오페라 가수에게나 맡겨라.

≈≈≈≈

○

더 기뻐하라. 사소한 일이라도 한껏 기뻐하라.

기분이 좋아질 뿐 아니라, 몸의 면역력도 강화된다.

부끄러워하지 말고 참지 말고 삼가지 말고 마음껏 기뻐하라.

웃어라. 싱글벙글 웃어라.

마음이 이끄는 대로 어린아이처럼 기뻐하라.

기뻐하면 온갖 잡념을 잊을 수 있다.

타인에 대한 혐오와 증오도 옅어진다.

주위 사람들도 덩달아 즐거워할 만큼 기뻐하라. 기뻐하라.

이 인생을 기뻐하라. 즐겁게 살아가라.

○

모든 사람이 죽는다는 것을 대단한 일이라고 생각한다.

그러나 죽음 그 자체는 어떠한 축제도 아니다.

인간은 아직도 가장 아름다운 축제의 방법을

습득하지 못하고 있다.

대다수의 사람은 죽는 것이 너무 늦다.

또 어떤 사람은 죽는 것이 너무 이르다.

'때에 맞추어 죽어라.'

우리가 높이 날아오를수록
날지 못하는 사람들에게는
우리가 작게 보인다.

○

어떤 이들은 죽은 후에
비로소 태어난다.

○

오늘 가장 잘 웃는 자는
마지막에도 웃을 것이다.

○

한 번이라도 춤추지 않았던 날은
허전한 날이라고 생각하라!
단 한 번의 웃음도 짓지 못한 진리는
아예 틀린 것이라고 말하라.

○

그대들의 죽음이 인간과 대지에 대한 모독이 되지 않도록 하라. 죽
을 때도 거기에는 그대들의 정신과 덕이 대지를 감싸는 저녁놀과
같이 타오르고 빛나고 있지 않으면 안 된다. 그렇지 않으면 그대들
의 죽음은 실패할 것이다.

○

몇 번이라도 좋다.
이 끔찍한 삶이여 다시 한 번!

찰스 다윈의 좋은 말

● 영국 생물학자, 진화론자 ●

가장 오래 산 사람은
나이가 많은 사람이 아니고
많은 경험을 한 사람이다.

○

내가 삶을 다시 살 수 있다면
일주일에 몇 번은 시도 좀 읽고
음악도 듣는다는 규칙을 정해놓을 텐데.
이런 취미를 잃은 것은 행복을 잃은 거나 마찬가지야.

○

무식은 자신감에 날개를 달아준다.

○

변하는 세상 속에서 살아남는 종은 가장 강한 종도 아니고,
똑똑한 종도 아니며,
변화에 가장 잘 적응하는 종이다.

○

살아 있는 모든 피조물을 향한 사랑은
인간의 가장 고결한 특징이다.

○

언제나 서로 돕고
공공의 이익을 위해
자신을 희생할 준비가 되어 있는 개체가 많은 종이
거의 모든 종을 누르고 승리를 차지할 것이다.
그것이 자연선택이다.

웨인 W. 다이어의 좋은 말

• 미국 심리학자, 작가 •

말보다 행동이
당신이 누구인지에 대한
훨씬 더 나은 지표입니다.

～～～～～

다른 사람보다 더 나아질 필요는 없습니다.
그저 예전보다 더 나아지기만 하면 됩니다.

～～～～～

○

네 생명의 헤아림은 쌓아두는 데 있지 않고 베푸는 데 있을 것이다.

○

당신은 선택을 할 운명입니다.

이것이 인생 최대의 역설.

○

삶의 척도는 당신이 무엇을 축적했느냐가 아니라

무엇을 주느냐 하는 것이다.

○

어떤 질문이든 사랑이 답이다.

○

영원의 맥락에서 시간은 중요하지 않습니다.

○

위대함의 본질은

다른 사람들이 이성을 잃고 날뛰는 상황 속에서도

차곡차곡 자기실현을 구할 수 있는 능력이다.

○

인생에서 실패란 없다. 다만 결과가 있을 뿐이다.

어떤 결과든 그것에서 배우고 성장할 권리가 있다.

○

인생을 즐기는 것이

인생의 성과로 평가받는 것보다 훨씬 낫습니다.

○

인생이 리허설인 것처럼 행동하지 마십시오.

오늘이 마지막인 것처럼 사세요.

과거는 끝났습니다.

미래는 보장되지 않습니다.

○

지루함의 개념은 현재 순간을 개인적으로 만족스러운 방식으로

사용하지 못하는 것을 의미합니다.

내 마음은 나의 왕국

_에드워드 다이어(영국 시인)

내 마음은 나의 왕국,

그 속엔 항상 큰 기쁨이 있어

대지가 본디 베풀고 키우는

그 어떤 행복도 따르지 못하네

세상 사람 가진 것, 나에겐 없어도

내 마음은 탐냄을 허락지 않도다.

왕후(王侯)의 화려함도, 크나큰 재산도,

승리를 거두는 어떤 세력도,

상처를 달래는 교활한 재간도,

애인의 눈을 끄는 풍채도 원치 않는다.

그 어느 것에도 노예처럼 굴복 않는다.

내 마음 하나로 모든 것 족하기에.

나는 부자가 흔히 망하고,

성급히 오른 자가 곧 떨어지고,

높은 자리한 자 누구보다

불행이 위험함을 본다.

애써 얻어선 전전긍긍 지키는 자들,
이런 근심걱정 내 마음 티끌만치도 없네.

내가 의지하는 건 자족(自足)하며 사는 것
나에게 족한 것 이상을 찾지 않고,
뽐내는 세도를 애써 원치 않는다.
없는 것은 내 마음이 대주고
마음이 주는 것에 만족하니
보라, 나는 이렇게 왕처럼 의기양양하구나.

가진 것 많으면서 더 바라는 자들
가진 것 없어도 나는 더 바라지 않는다.
가진 것 많아도 저들은 가난하고,
밑천은 적어도 나는 부자라
저들은 가난한 자, 나는 부자, 저들은 구걸하고, 나는 적선하도다.
저들은 모자라고, 나는 남고, 저들은 굶주리고, 나는 살고.

나는 타인의 손실을 비웃지 않고,
나는 타인의 이득을 샘내지 않는다.
세파(世波)에도 내 마음 흔들리지 않고,
내 몸가짐 한결같이 변함없다.
적을 두려워 않고 벗에 아첨하지 않고,
인생이 싫지 않고 죽음이 무섭지 않다.

욕심 때문에 즐거움이 짓눌리고,

맹렬한 소망으로 지혜가 짓눌리는 자들

그들이 믿는 것은 다만 재물뿐.

교활한 술책이 재간의 밑천일 뿐.

하나 내가 찾는 기쁨이란

고요한 마음을 지켜 나가는 일뿐.

내 재산은 건강과 완전한 평안,

깨끗한 양심이 다시없는 나의 방패,

뇌물로 즐거움을 주지도 않고,

속임수로 노여움을 사지도 않는다.

이렇게 살다가, 이렇게 죽으리라.

세상 사람 다 나와 같으면 얼마나 좋으랴!

켄 다이크발드의 좋은 말

● 미국 기업가, 노년학자, 심리학자, 강사, 작가 ●

나이는 숫자에 지나지 않는다.
21세라도 계속 배우지 않는 사람은
늙은 사람이고,
80세라도 계속 배우는 사람은 젊은 사람이다.

○

당신이 갖고 있지 않은 것에 속상해하는 것은

당신이 갖고 있는 것을 낭비하는 것이다.

○

배움에 대한 나의 기쁨은

그 배움으로 내가 남에게 가르쳐줄 수 있다는 것이다.

○

진정으로 교육받은 것이란

아무리 늙어도 계속해서 배우는 것을 좋아하는 것이다.

○

인생이란 다 살고 나서야 거꾸로 이해하게 되는 것이다.

그러나 인생은 앞으로만 살아가야 한다.

○

힘들 때에도 긍정적인 태도를 가져라.

매일 새로운 아침을 맞이함을 감사하라.

_《Age Power》중에서

●

삶의 완전한 연소(燃燒)가 죽음이다. 삶의 약동(躍動)과 충실의 궁극(窮極)이 죽음이다.

_다카미 준(일본 작가)

●

외롭고 고요하며 엄숙한 장면, 그곳에 군주도, 영웅도, 농부도, 은자(隱者)도 흙 속에 함께 섞여 누워 있다. 그곳에서 노예는 일손을 멈추고 쉰다. 그곳에서 교만불손한 자는 권력을 포기하고, 그곳에서 구두쇠는 감춘 돈을 뿌린다. 그곳에서 인간의 우매(愚昧)가 잠잔다.

_존 다이어(영국 시인)

사는 날까지 지켜야 할 것 10가지

- 분노하지 말라.
- 익숙해하지 말라.
- 스트레스를 받지 말라.
- 감정을 억압하지 말라.
- 안정감을 버리지 말라.
- 평온한 감정을 잊지 말라.
- 낙관화하라.
- 유대감을 유지하라.
- 기쁨과 웃음을 잊지 말라.
- 사이 좋게 지내라.

A. 단테의 좋은 말

● 이탈리아 시인 ●

오늘이라는 날은
두 번 다시 오지 않는다는 것을
잊지 말라.

〰〰〰〰〰

○

가장 현명한 사람은

허송세월을 가장 슬퍼한다.

○

나는 모든 사람이 구하고 있는 것을 구하고 있습니다.

즉, 평화와 휴식입니다.

○

그대의 길을 가라.

남들이 무엇이라 하든 내버려 두어라.

○

명예를 향해 가는 길은

결코 화려한 꽃들로 뒤덮여 있지 않다.

○

비참할 때, 행복했던 옛 시절을 떠올리는 일만큼

괴로운 것은 없다.

○

양심은 스스로 돌아보아 부끄럽지 않다는 자각을 갑옷 삼아,

아무것도 두렵지 않게 하는 좋은 친구다.

○

오만, 질투, 탐욕은

사람의 마음을 태워버리는 세 가지 불꽃이다.

○

하나의 작은 불씨가 큰 불꽃을 만든다.

○

하늘의 검(劍)은 서둘러 찌르지 않지만,

우물쭈물하는 일도 없다.

○

명성은 잠깐 사이에 피었다 지는 여름 꽃과 같다.

꽃을 피게 하는 태양의 따사로움은

곧 바싹 말리는 열기로서 죽인다.

우리가 두려워해야 할 유일한 것은
자신의 삶을 내팽개치는 것이다.

더글러스 대프트의 좋은 말

● 미국 사업가, 전 코카콜라 CEO ●

과거나 미래에 집착함으로써,
삶이 손가락 사이로 빠져나가게 하지 마세요.
당신의 삶이 하루에 한 번인 것처럼
삶으로써, 삶의 모든 날을
살아가는 것입니다.

○

지금 어디에 있는지, 어디를 향해 가고 있는지 모를 만큼

바쁘게 살진 마세요.

삶은 경주가 아니라 한 걸음 한 걸음 음미하는 여행입니다.

어제는 역사이고, 내일은 미스터리이며, 오늘은 선물입니다.

그렇기에 우리는 현재(present)를 선물(present)이라 부릅니다.

●

나는 당신에게 감히 권하노니, 건강하라, 오래 살고, 결코 늙었다고 생각하지 말라.

_윌리엄 H. 댄포스(미국 실업가)

●

훌륭하게 죽을 수 있으려면 훌륭하게 사는 법을 배워야 한다. 살고 죽는 것이 우리가 배워야 할 전부다.

_J. 데넘 경(영국 시인)

●

모든 사람의 모든 이별에는 일종의 해방감과 고통이 있다.

_세실 데이 루이스(영국 시인, 비평가)

●

정말 좋은 책이라면 세 번 읽어야 한다. 어려서, 나이 들어서 그리고 노년에.

_로버트슨 데이비스(미국 작가)

데모크리토스의 좋은 말

● 그리스 철학가 ●

단 한 명의 고귀한 친구조차 갖지 못했다면
사는 값어치가 없는 사람이다.

～～～～

살아 있는 사람에게는 희망이 있으나
죽은 사람에게는 희망이 없다.

～～～～

청춘의 특징은 육체의 미(美)다.
지혜의 아름다움은 노년의 특징이다.

～～～～

●

청년기의 자존심은 혈기와 아름다움에 있지만, 노년기의 자존심은
분별력에 있다.

_데모스테네스(그리스 정치가, 웅변가)

●

청춘의 어리석음은 죄악이요, 노령기의 어리석음은 광증이다.

_S. 대니얼(영국 시인, 극작가, 역사가)

●

둔한 사람은 장수하고 예민한 사람은 요절한다.

_당경(중국 북송 때의 문장가, 호는 자서)

●

사람은 죽는 순간까지 무엇인가 하나씩 배워서는 뻗어가고, 뻗어
서는 배워가는 것인가 보다.

_《대망경세어록》중에서

달라이 라마의 좋은 말

● 티베트 성직자, 작가 ●

○

남을 돕는다고 하면 보통 자신을 희생해야 한다고 생각하지만, 그렇지 않다. 남을 도울 때 가장 덕을 보는 것은 자기 자신이고, 최고의 행복을 얻는 것도 자기 자신이다. 그러므로 행복한 삶으로 가는 최선의 길은 남을 돕는 것이다. 이것이 진정한 지혜다.

○

누구도 내일을 알 수는 없습니다. 그래서 내일이라는 날은 불안으로 차 있습니다. 미래는 신비 그 자체입니다. 그것은 죽음의 공포와 같은 종류의 불안입니다. 사람이 죽음을 두려워하는 이유는 사후의 세계가 어떠한 곳인지 내다볼 수 없기 때문입니다. 그러나 사람은 과거의 경험에서 어느 정도 내일을, 미래를 예측할 수 있습니다.

○

다음 생에 태어날 환경이나 품성을 결정하는 것은 이 생(生)에서 활동할 때 어떤 마음을 갖고 있었느냐에 달렸습니다. 일반적으로 우리에겐 다음 생에 어떤 환경에서 태어날 것인지를 선택할 힘이 없습니다. 우리가 쌓은 업력에 의해 다음 생이 결정될 뿐입니다.

타인이 기대하는 것보다
더 많이 그리고 진심으로 기뻐해주라.

존 던의 좋은 말

● 영국 시인, 성직자 ●

죽음은 모든 사람에게 똑같이 찾아오며
그 죽음이 다가올 땐
모든 사람을 똑같이 만들어준다.

〜〜〜〜〜〜

짧은 잠이 지나고 나면
우리는 영원히 깨어나리라.
더 이상 죽음은 없으리.
죽음, 너도 죽으리라.

〜〜〜〜〜〜

●

아주 어린 것 다음으로 가장 늙은이가 가장 이기적이다.

_W. 대커리(영국 작가)

●

노년의 진정한 승자는 은퇴에 대해 이야기할 때 흥미로운 표현을
사용한다. 그는 은퇴가 '영혼을 가꾸는 일'이라고 말한다.

_로렌스 더럴(미국 작가)

베티 데이비스의 좋은 말

● 미국 배우 ●

미래를 향한 욕망이 없어지면
인생은 정말로 따분해진다.

〰〰〰

인생의 열쇠는 도전을 받아들이는 것이다.
도전을 멈추면 죽은 거나 마찬가지다.

〰〰〰

자기의 일을 향상시키기 위해
불가능한 일에 도전하라.

〰〰〰

노년은
징징거리기 위한 시간이 아니다.

〰〰〰

●

나의 혼이여, 너는 장기간 붙잡힌 몸이었으며, 이제야 너의 감옥에서 떠나 이 육체의 장해에서 벗어나는 시기를 만났다. 기쁨과 용기를 갖고 이 이별을 견디라.

_르네 데카르트(프랑스 철학가)

●

나이는 사랑과 같아 숨길 수 없다.

_T. 데커(영국 극작가)

●

만약 당신이 산속에서 밤을 지새워본 적 있다면, 모두들 잠들어 있을 때 어떤 신비로운 세계가 고요함 속에서 가만히 눈뜨는 것을 느낄 수 있을 것이다.

_알퐁스 도데(프랑스 작가), 〈별〉 중에서

도스토옙스키의 좋은 말

● 러시아 작가 ●

나는 내가 어디에서 왔는지 모른다.
나는 내가 어디로 가는지 모른다.
나는 왜 내가 존재하는지
내가 어떤 소용이 있는지도 모른다.
단 하나 확실한 것은
내가 곧 죽으리라는 사실이다.
그러나 내가 가장 모르는 것은
바로 그 죽음이다.

○

사람이 명예를 말할 때는 자기자신이 결백해야 한다.

○

오늘 걷지 않으면 내일 뛰어야 한다.

지금 잠을 자면 꿈을 꾸지만 잠을 자지 않으면 꿈을 이룬다.

○

인간은 비열한 인간으로 살 수 없을 뿐 아니라,

죽을 수도 없다. 즉, 인간은 깨끗하게(아름답게) 죽어야 한다.

○

인간은 삶을 사랑하기 때문에 죽음을 두려워한다.

○

인간은 어머니 태내에서 벌거숭이로 태어났기 때문에

벌거숭이로 흙에 돌아가는 것이 당연하다.

이처럼 하나님은 자기가 베푼 것은

끝내 하나님 자신이 도로 찾아간다.

○

인생의 후반부는

전반부에 쌓아온 습관만으로 성립된다고 한다.

○

자기희생보다 더 큰 행복은 어디에도 없다.

○

지옥이란 다름 아닌

사랑할 수 있는 능력을 상실한 데서 오는 괴로움이다.

○

죽음은 우리의 모든 비밀, 음모, 간계로부터

그 베일을 벗겨버린다.

인간에게 가장 고통스러운 죽음은
그가 미리 아는 죽음이다.

_바킬리데스(고대 그리스의 서정시인)

플라시도 도밍고의 좋은 말

● 미국 바리톤 가수 ●

쉬면 녹슨다.

○

만일 당신에게 특별한 능력이 있다면

그래서 사람들에게 뭔가 특별한 것을 선물할 수 있다면

최대한 그 능력을 발휘해야 한다.

다른 사람의 삶을 당신의 능력으로

충만하게 만들어줄 수 있도록 노력해야 한다.

귀거래사

돌아가자.

초야에 장차 묵으려 하거니, 어찌 돌아가지 않으랴.

이미 스스로 마음으로써 몸에 사역(使役)하였으나,

어찌 근심하여 홀로 슬퍼할 것이 있으랴.

지난 일은 고칠 수 없음을 깨달아,

장래에는 좇아서 틀리지 않을 것을 알았노라.

실로 길을 잘못 들었으나 그리 멀리는 않았으니

이제부터는 옳고, 어제까지는 틀렸음을 알겠더라.

(중략)

돌아가야지,

청컨대 교제를 쉬고 노는 것을 끊으리라.

세상과 나와는 서로 잊어버리자.

다시 수레에 올라 무엇을 구할 것이냐.

친척의 정화(情話)를 즐겨 듣고,

금서(琴書)를 즐기며 우수를 녹이리라.

(중략)

부귀는 내 바랄 바 아니고,

신선 세계는 내 기다릴 바 아니어라.

좋은 시절을 알아서 혼자 가고,

혹은 지팡이를 세워 김 매고 흙을 북돋운다.

동쪽 언덕에 올라 노래를 부르고,

청류(淸流)에 임(臨)하여 시를 짓는다.

얼마 동안 자연의 조화를 따르다가

마침내 돌아가면 되는 것이니,

천명(天命)을 즐기면 그만이지 무엇을 의심하랴.

_도연명(중국 동진 말기~송대 초기의 시인)

독일 속담

●

늙어서 따뜻하게 살고 싶은 사람은

젊었을 때 난로를 만들어두어라.

●

걱정은 머리를 희게 하고, 늙은 사람으로 보이게 한다.

●

끝이 좋으면 모든 게 다 좋다.

●

나이는 책보다 더 많이 가르친다.

●

나이를 먹는 것은 신의 섭리.

젊음을 잃지 않는 것은 인생의 기술.

●

노후의 낙은 지자(知者)이어야 한다.

●

늙은 개가 짖으면 내다봐야 한다.

●

늙지 않는 연고가 있다면 온몸에 바르겠는데.

●

백발은 무덤의 꽃이다.

●

늙은 나무는 굽혀지지 않는다.

●

재산을 자녀에게 넘겨준 뒤 늙어서 끼니 걱정을 하는 자는
몽둥이에 맞아 죽어야 한다.

●

죽음을 바라는 자는 가련하다.
죽음을 두려워하는 자는 더욱 가련하다.

●

죽음의 신이 온다는 것보다 더 정확한 사실은 없고,
그가 언제 오는가 하는 것보다 더 부정확한 것은 없다.

●

청춘과 잃은 시간은 영원히 되돌아오지 않는다.

●

인간은 자신이 통제권을 쥐고 있다고 생각할 때 더 열심히 일하고 노력하는 성향이 있다. 자신감이 더 강해지고 역경도 더 빠른 속도로 이겨낸다. 자신을 통제한다고 믿는 사람이 그렇지 않은 사람보다 장수할 확률도 훨씬 높다.

_찰스 두히그(미국 기자, 작가),《1등의 습관》중에서

말 한마디가 세상을 지배한다.

_존 셀든(영국 법률가, 정치가, 문필가)

《동의보감》의 좋은 말

○

모든 질병이 생기고 생명이 제 수를 다하지 못하여 일찍 죽는 것은 음식으로 인한 것이 참으로 많다. 대부분의 사람은 음탕한 소리나 여색의 화가 심하다고 생각한다. 그러나 이것들은 오히려 얼마 동안에 지나지 않고 끊기는 것이다. 음식물은 그렇지 못해서 하루도 안 먹을 수 없기 때문에 매우 중요하다. 맛있는 음식을 먹을 당시에는 즐거울 수 있지만 그것이 다음에 해를 가져오기도 한다. 세상에 보기 좋은 음식만이 아니고 맛있는 음식도 한이 없지만, 혹 그것들이 제각기 성분이나 성질에 따라서 서로 조화되지 않고 상극이 되는 수가 있다. 그때 독성이 생겨 어혈이나 식적(食積)을 만들기도 하고 또는 갑자기 통증을 일으키기도 한다. 술을 마시고 정신이 흐리고 멍청해지는 것도 그 좋은 예에 속한다. 식후에는 꼭 가볍게 행보할 일이다. 식후에 행보하고 나서 사람을 시켜 가볍게 위와 장을 백 번쯤 문질러라. 그러면 소화가 잘 되고 몸에 이로울 것이다. 또 식후에 손으로 얼굴을 문질러라. 그러면 입 속에 진액이 잘 나오고 소화가 잘 된다.

○

옆으로 누워 무릎을 구부리고 자라. 바로 누우면 죽은 사람처럼 자는 셈이 돼 헛것이 몰려온다. 입을 다물고 자라. 좋은 기운이 입에서 빠져나가고 병의 기운이 들어온다. 더울 땐 얇고 추울 땐 두꺼운 이불을 덮어라. 인체는 열과 기운의 소통이 중요하다. 손을 가슴에 올려놓지 마라. 가위에 눌리기 쉽다.

존 드라이든의 좋은 말

● 영국 시인 ●

만족은 부요, 마음의 풍요이다.
그런 풍요를 찾을 수 있는 자는 행복하다.

먼 장래의 선에 대한
실감나지 않는 기대보다는
현재의 즐거움이 육체에 더 절실하다.

반복된 행동이 습관을 만들고,
습관은 사람을 지배한다.

○

인생은 여행이며,

죽음은 그 종점이다.

○

용감한 사람은 대중의 칭송을 구하지 아니하며,

무력으로 압도를 당하더라도 자기의 명분을 버리지 않는다.

비록 실패하더라도 부끄러워하지 않으며,

자기의 최선을 다할 뿐이다.

힘은 야수의 것이지만 명예는 인간의 것이다.

_〈용감한 사람〉

○

인내하며 자신의 영혼을 지키라.

○

지겨운 한 모금의 약을 위해 의사에게 돈을 지불하는 것보다

들판에서 돈 안 드는 사냥을 하는 편이 훨씬 건강에 좋다.

현명한 자는 운동으로 치료하라.

인간을 치료하는 것은 신의 몫이 아니다.

○

평화를 가져다주지 않는 죽음은 죽음이 아니다.

피터 드러커의 좋은 말

● 미국 경영가, 작가 ●

우리의 인생은 아주 짧다.
그러므로 순간순간을
가장 적합한 일을 하는 데만 써야 한다.

～～～～～

평생학습은 당신을 젊게 할 것이다.
평생학습을 하면 뇌세포가 늙지 않는다.
뇌세포가 건강하면
육체적으로도 건강을 유지할 수 있다.
사람은 호기심이 없어지면서부터 늙는다.
배우면 젊어지고 삶을 즐길 수도 있게 된다.

～～～～～

●

인생을 되돌아봤을 때 제대로 살았다고 생각되는 순간은 오직 사랑하며 살았던 시간뿐이다.

_헨리 드러먼드(아일랜드 출신의 캐나다 시인)

●

근심은 근심을 유발하고, 비애는 비애를 달랜다. 슬픔은 슬픔을 낳고, 한 가지 슬픔은 두 가지 슬픔을 가져온다.

_M. 드레이튼(영국 시인)

다리 만드는 노인

외로이 길을 가던 한 노인이,

춥고 어두컴컴한 저녁에,

넓고 깊고 거대한 협곡과 맞닥뜨렸다.

협곡에는 거친 물살이 흘렀고

노인은 희미한 불빛 속에서 강을 건넜는데,

노인은 거친 물살에도 겁먹지 않았다.

안전하게 건너편에 도착한 노인은

불어난 물 위로 다리를 만들었다.

같이 가던 여행자가 말했다.

"노인장, 다리를 만드느라 힘을 허비하고 계시는군요.

당신은 죽는 날까지 길을 가야 하지만,

이 길을 다시 지날 일은 없을 텐데요.

깊고 넓은 협곡을 간신히 건너왔는데,

물이 찬 저녁 때 왜 다리를 만드십니까?"

머리가 하얗게 센 노인이 허리를 펴고 말하길

"여보게 이 친구, 오던 길에 오늘

어떤 젊은이를 보았다네

그 젊은이도 이 길을 지나갈 걸세.

내가 건너기에 힘이 들었던 이 협곡은

금발의 그 젊은이에겐 함정이 될 거야.

그 젊은이 역시 희미한 불빛 속에서 협곡을 건너야 하겠지.

나는 지금 그 젊은이를 위해 다리를 만들고 있다네!"

_ 월 앨런 드롬굴(미국 시인)

벤저민 디즈레일리의 좋은 말

● 영국 정치가, 작가 ●

인생이란 자질구레하게 살기에는 너무 짧다.
깊게 느끼고, 대담하게 행동하고,
솔직하게 열정적으로 자신을 표현하는 사람보다
더 사람다운 사람은 없다.

○

죽음에 대해서 마음 쓸 필요는 없다.

오로지 삶만을 생각하라.

이것이 참다운 신앙이다.

○

청년은 실수하고,

장년은 투쟁하고,

노년은 후회한다.

○

희망을 가지고 사물을 보고

항상 희망을 잃지 않는 습관을 만드는 것은,

그대 자신을 이롭게 할 뿐 아니라

주변 사람들에게 흥분제가 되고 영양제가 되어

끊임없이 그들에게 힘을 준다.

•

기쁨을 주는 사람만이 더 많은 기쁨을 즐길 수 있다.

_알렉상드르 뒤마(프랑스 극작가, 소설가)

•

오래 사는 것보다 잘 사는 것이 중요하다. 인간의 삶은 숫자로 가늠

할 수 있는 것이 아니므로.

_기욤 뒤바르타스(프랑스 시인, 군인)

항상 죽을 각오를 하고 있는 사람만이
참으로 자유로운 사람이다.

_디오게네스(그리스 철학가)

찰스 디킨스의 좋은 말

● 영국 작가 ●

무화과나무가
맘껏 자라도록 내버려 두라.
그러면 당신이 늙었을 때,
나무 그늘 아래 앉아
편히 쉴 수 있을 것이다.

～～～

진실한 말 한 마디는
웅변과 같은 가치가 있다.

～～～

확고한 의지만 있으면
아무리 높은 산 정상도 정복할 수 있다.

～～～

○

유쾌함과 만족감은 근사한 치장품이자

외모를 젊어 보이게 하는 최고의 화장품이다.

○

인간의 삶에는 저마다 독특한 결말이 기다리고 있다.

그 예정된 길을 꾸준히 따라가다 보면

반드시 그 결말에 도달할 것이다.

그러나 그 길에서 이탈하면, 생의 결말도 바뀔 것이다.

○

질병과 슬픔이 있는 이 세상에서

우리를 강하게 살도록 만드는 것은

웃음과 유머밖에 없다.

○

문제는 간단하다. 걸으면 행복해진다. 그리고 건강해진다.

수명을 연장할 수 있는 최선의 방법은

목적을 가지고 꾸준히 걷는 것이다.

의심나는 사람이 있다면

먼 옛날 고대인들이 열심히 걸음으로써

병과 죽음을 막았던 것을 생각하라.

그들은 90세에 가까운 나이였지만

청년처럼 튼튼한 노인들이었다.

에밀리 디킨슨의 좋은 말

● 미국 시인 ●

결코
다시 살 수 없다는 것이
삶을 그리도 달콤하게
만드는 것이다.

○

나는 내 삶이 끝날 때 최고급 장미를 받는 것보다

들판에서 잘라 온 한 송이 장미라도 지금 받고 싶습니다.

나의 심장이 멈추고 내 생명이 다할 때 받게 되는 많은 찬사보다

한 마디의 친절한 말과 한 마디의 상냥한 말을

지금 듣고 싶습니다.

내가 이 세상의 끝에 다다랐을 때

나의 관 앞에서 사람들이 눈물을 흘리는 것보다

나의 소중한 친구들로부터 지금 미소를 받고 싶습니다.

그 어떤 색깔의 꽃이라도

오늘 당신의 꽃을 나에게 갖다 주십시오.

내가 죽어버린 후 한 아름의 꽃보다

내겐 지금의 단 한 송이가 더욱 소중하기 때문입니다.

_〈바로 지금 이 순간〉

○

내가 만일 누군가의 마음의 상처를

막을 수 있다면

헛되이 사는 것 아니리

내가 만약 한 생명의 고통을 덜어주고

내가 만약 한 사람의 고뇌를 식히게 할 수 있다면

또는 기진맥진해서 떨어진 울새 한 마리를

다시 둥지에 올려놓을 수 있다면

내 헛되이 사는 것 아니리.

_⟨내가 만일 누군가의 마음의 상처를 막을 수 있다면⟩

○

내가 죽음을 위해서 멈출 수 없었기 때문에,

친절하게도 죽음이 나를 위해 멈췄다.

마차는 실었다, 바로 우리 자신을

그리고 불멸의 존재를.

○

우리는 해가 갈수록 늙어가는 게 아니고

매일 새로워지는 것입니다.

○

영혼의 가장 친한 친구는 책이랍니다.

○

나는 등불을 들고 밖으로 나가

나 자신을 찾아다닌다.

밥 딜런의 좋은 말

● 미국 가수, 노벨문학상 수상자 ●

당신이 슬프고 외로울 때
친구가 하나도 없을 때
모든 신성한 믿음이 무너지고
바로 세워지지 않을 때
죽음이 끝이 아님을 기억해요.

○

돈이 다 무슨 소용인가?

아침에 일어나고 밤에 잠자리에 들며

그 사이에 하고 싶은 일을 한다면 그 사람은 성공한 것이다.

○

완벽한 자유로움은 없다. 새조차도 하늘에 묶여 있지 않은가.

○

태어나느라 바쁘지 않은 사람은 죽느라 바쁘다.

더 젊어 보이려고 기를 쓰는 것만큼
당신을 더 늙어 보이게 만드는 건
없습니다.

_칼 라거펠트(샤넬 패션 디자이너)

●

사람들은 황혼기를 '내리막길'이라고 부르곤 한다. 이 말은 더 이상 사실이 아니다. 나는 85살이라는 나이와 그에 뒤따르는 부수적인 것들을 즐기면서 황혼시대를 백금시대로 바꾸며 살아왔다. 사람들은 우리의 겉모습에 상관없이 "정말 근사해 보여요"라고 칭찬의 말을 한다. 계단을 올라가고 내려갈 때 냉큼 달려와 도와준다. 바람이 싫다고 하면 기꺼이 창문을 닫고 땀을 비질비질 흘리며 그대로 앉아 있다. 즉, 우리는 사람들의 친절과 존중을 받고 있는 것이다. 이 아니 영광스런 일인가!

_필리스 딜러(미국 코미디언, 영화배우)

프랑수아 드 라로슈푸코의 좋은 말

● 프랑스 모랄리스트, 작가 ●

노인은 친절한 가르침을 즐겨 베풀려 한다.
그것은 두 번 다시 나쁜 본보기를
남에게 보여줄 수 없기 때문에
그렇게 함으로써 스스로
위안을 얻으려 하기 때문이다.

○

진정한 친구는 모든 축복 중에서도 가장 큰 것이다.

○

늙어감에 따라 사람은 더 어리석고 더 현명해진다.

○

미인은 늙는 것이 지옥이다.

○

사람은 그 마음속에 열정이 불타고 있을 때가 가장 행복하다.

열정이 식으면 그 사람은 급속도로 퇴보해 무력하게 되어버린다.

○

사람의 명성은 얻어가는 과정에 의해서 평가되어야 한다.

○

시간은 폭군처럼 사정없이 사람을 늙어가게 만든다.

죽음이라는 것으로 협박하며 청춘의 모든 쾌락을 빼앗아간다.

○

어떻게 늙어야 하는지를 알고 있는 사람은 드물다.

●

이 짧은 시간을 즐기자. 사람에게는 항구가 없고 시간에는 연안이 없다. 그래서 시간을 지나 우리는 떠난다.

_A. 라마르틴(프랑스 시인)

●

진정으로 현명하기 위해서는 평범한 가운데서 행복하게 하는 법을 아는 것만으로는 부족하다. 최후의 시간이 되었을 때 모든 것을 냉정히 버려야 한다는 것을 알고 있지 않으면 안 된다.

_라 메트리(프랑스 의사, 철학가)

●

엄청나게 많은 사람이 깊이 있는 생각을 할 수 있는 무한한 가능성을 가지고 있다. 그러나 사람들은 대부분 이런 가능성을 현실화할 적절한 환경을 갖추지 못하기 때문에 엄청난 능력을 가졌다는 사실을 알지 못한 채 죽는다. 백만장자로 태어나서는 거지로 일생을 살다가 죽는 것이다.

_스티븐 라버지(미국 작가), 《루시드 드림》 중에서

●

시간은 그 시간에 일어나는 수많은 변화에 의해서만 커 보인다. 그러므로 오래 사는 것은 우리의 능력 안에 있다. 실제로 우리 시간의 가장 작은 부분까지 감지할 수만 있다면.

_G. W. 라이프니츠(독일 철학가)

오래 살면 살수록 인생은 더 아름답다.

_프랭크 로이드 라이트(미국 건축가)

라 브뤼에르의 좋은 말

● 프랑스 모랄리스트, 작가 ●

사람은 거기에 도달할지 확실히 모르면서도,
노년이 되는 것을 두려워한다.

〰〰〰〰

대부분의 사람은 인생의 처음 부분을 그르쳐서
마지막 부분을 비참하게 만든다.

〰〰〰〰

○

인간에게는 세 가지가 있다.

이 세상에 태어나는 것, 사는 것, 죽는 것.

사람이 태어날 때는 아무것도 모른다.

그리고 죽을 때는 무한히 괴롭다.

그러나 살아 있을 때는 모든 것을 잊고 있다.

○

인생이 비참한 것이라면,

그것을 참고 견디는 것은 더욱 괴로운 일이다.

인생이 행복하기만 한 것이라면,

이것을 잃는 것처럼 무서운 것은 없다.

○

자기 시간을 가장 잘못 이용하는 사람이

대개 시간의 짧음을 불평한다.

○

젊을 때는 노경(老境)을 위하여 저축하고,

늙으면 죽음을 위하여 저축한다.

○

행복해지기를 기다리지 말고 그전에 웃어야 한다.

자칫하다가는 웃어보지도 못하고 죽는다.

●

어떤 위대한 득점 기록자가 당신의 이름에 점수를 기록할 때, 그는 당신이 이기고 진 것을 기록하는 것이 아니라, 어떻게 당신이 게임을 했는지를 기록한다.

_그랜틀랜드 라이스(미국 스포츠 전문 기자)

●

도로의 끝은 도로의 갈림길에 불과하다.

_헬렌 스타이너 라이스(미국 시인)

●

근심은 고통을 빌려가는 사람들이 지불하는 이자이다.

_G.W. 라이언(미국 저널리스트)

●

인생은 이야기 같은 것이어서, 지난날의 기막힌 영광 속에서 흐느껴 우는 것도 탄식도 잡아둘 수는 없다.

_제임스 W. 라일리(미국 시인)

●

규칙적인 명상이 노화에 따른 대뇌피질의 약화를 현저히 줄여준다.

_사라 라즈라(미국 두뇌 연구가)

배운 사람은 마음이 부자다.

병을 숨기는 것은 치명적이다.

아무리 나이가 많다 해도,
언제나 배울 것은 있는 법이다.

_라틴 속담들

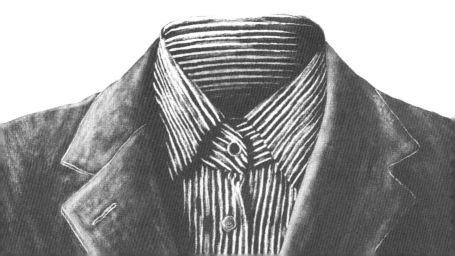

장 드 라퐁텐의 좋은 말

● 프랑스 시인, 우화작가 ●

이 세상에 사는 한
우리는 서로 도와야 한다.

～～～～～

죽음은 현인에게
불시에 달려들지는 않는다.
그는 항상 갈 준비가 되어 있다.

～～～～～

○

여든 살 노인이 나무를 심었다.

"집을 짓는다면 몰라도, 그 나이에 나무를 심다니."

이웃의 세 청년이 말했다.

정말 노인은 노망이 들었다.

"왜냐하면, 제발 너희들이 해보지,

이 수고의 어느 열매를 너희들이 거둘 수 있을까?

족장만큼이나 너희들이 늙어야 할 텐데

인생을, 너희 것도 아닌 앞날에 대한 걱정으로

채워보았자 무슨 소용이 있을까?

이제부터는 예전의 과오밖에는 생각하지 말라.

그 오랜 희망과 막연한 생각을 거침없이 버리라.

이것은 우리에게 해당되는 것,

너희에게만 해당하는 게 아니지."

노인은 다시 일을 계속했다.

이룸은 늦게 오지만, 오래가지 못한다.

"운명의 여신은 창백한 손으로

너와 나의 앞날을 똑같이 가지고 논다.

우리의 종말은 짧다는 점으로 비슷해.

우리들 중의 그 누가 맨 마지막으로

창공의 광명을 즐길 수 있을까?

단 일 초라도 너희 것이라고 보장해주는 순간이 있을까?

내 자손들이 즐길 이 나무 그늘은 내 덕분이지.

그래, 너희는

현인이 남들의 즐거움을 배려해주는 것을 금하고 있지.

이것도 오늘 맛보는 과일이야.

내일도 난 그걸 즐길 수 있고, 앞으로도 그렇지.

나는 이제 너희들 무덤 위에 비치는 새벽빛을 셀 수 있어."

노인은 옳았다. 세 청년 중 하나는

아메리카로 가다가 항구에서 익사하고,

다른 하나는 출세하기 위해

공화국 군대에 입대했으나

예기치 못한 사고로 죽었다.

세 번째 청년은 그 자신이 접목하려던 나무에서 떨어졌다.

그래서 노인은 눈물을 흘리며, 대리석 위에 새겨놓았다.

지금의 이 이야기를.

_〈노인과 세 청년〉

끊임없이 결심만 하는 삶이
결심조차 하지 않는 삶보다는 희망이 있다.

_호아킴 데 포사다(미국 작가)

월터 새비지 랜더의 좋은 말

● 영국 시인, 작가 ●

나는 그 누구와도 싸우지 않았노라.
싸울 만한 가치가 있는 상대가 없었기에.
자연을 사랑했고, 자연 다음으로는 예술을 사랑했다.
나는 삶의 모닥불 앞에서 두 손을 쬐었다.
이제 그 불길 가라앉으니 나 떠날 준비가 되었노라.

〜〜〜〜〜

현자의 저서만이
우리 자손이 낭비할 수 없는
불멸의 부이다.

〜〜〜〜〜

●

나이 든 세대(내 세대)는 언제나 아이들을 위해 보다 나은 세상을 남겨주려 노력한다는 관점을 유지해왔다. 우리는 더 열심히, 더 많이 일하면서 희생했다. 우리는 자녀 교육을 위해 저축했고 아이들이 육체적으로 성장한 지 한참이 지난 후에도 생활비를 대줬다. 우리는 너무 오랫동안 그 일을 습관적으로 해온 탓에 그것이 더 이상 아이들에게 진정한 도움이 되지 않는다는 사실을 깨닫지 못했다.

_요르겐 랜더스(노르웨이 미래학 학자, 작가),《더 나은 미래는 쉽게 오지 않는다》중에서

●

나는 지금 여든 살. 내 인생은 그렇게 실패한 것 같지 않네. 그러나 만일 다시 인생이 주어진다면 전 생애를 사람들을 변화시키는 데 바치겠네. 이 나이에 이르러서야 사람이 변하지 않고는 그 어느 것도 변화시킬 수 없다는 사실을 알았다네.

_안젤라 랜스베리(영국 출신의 미국 배우)

●

우리는 머리털이 희어지기 훨씬 전에 마음속이 희어진다.

_찰스 램(영국 수필가)

엘렌 랭어의 좋은 말

● 미국 심리학자 ●

노화나 노화에 따른 질병은
신체가 아니라 신체의 한계를 믿는
사고방식 때문에 발생하는 측면이 크다.

_《늙는다는 착각》중에서

우리를 위축시키는 사고방식이나 건강과 행복에 대해
우리가 설정해둔 한계로부터 스스로를 해방시키고,
스스로 자신의 건강을 챙기는
수호자가 되는 일의 중요성을 깨닫자.

_《늙는다는 착각》중에서

○

의식을 집중하며 건강을 지키는 것은 질병이 심각해지기 이전에 예방하고 치료하는 과정에서 가장 의미가 있다. 심각한 우울증이나 이미 주요 장기까지 퍼져버린 암, 또는 극단적인 ADHD 상황에서도 의식을 집중해 건강을 대하는 일에 도움을 받을 수 있겠지만, 해결책을 찾기가 쉽지는 않을 것이다. 인생의 목표는 더 젊고 혈기 왕성했을 때의 기분으로 돌아가는 것이 아니라 숨 쉬는 마지막 날까지 의식을 집중한 상태로 삶을 영위하는 것이어야 한다. 인생의 매 순간을 완전히 의식하며 사는 삶, 그것은 분명 추구할 가치가 있으면서 실제로 이룰 수도 있는 목표다.

_《늙는다는 착각》중에서

○

나이 많은 성인들은 노화와 관련된 진짜 난관에 직면할 수도 있다. 그러나 노인이든 아직 아니든 사람은 자신의 발달 수준을 넘어서는 상황을 볼 수 없다. 이 사실을 깨닫고, 노화가 쇠락이 아닌 변화라는 사실을 받아들이자. 자율성을 부추기고, 적극적으로 분별력을 키우며, 자신은 물론 자신을 둘러싼 주변 사람들의 다양성에 관심을 기울이자. 그렇게 나이를 근거로 능력을 판단하는 기준의 유용성에 의문을 제기하며 사는 편이 훨씬 낫다.

_《늙는다는 착각》중에서

미국의 심리학자 엘렌 랭어는,
노인들을 스스로 20대라고
자기암시를 하도록 했더니
지적 기능, 시력, 자세나 걸음걸이가
현저히 좋아졌다고 말했다.

버트런드 러셀의 좋은 말

● 영국 철학가 ●

나는
일하다가
죽고 싶다.

〰〰〰

○

단순하면서도 압도적으로 강렬한 세 가지 열정이 나의 인생을 지배했다. 사랑에의 갈망, 지식의 추구, 고통받는 인간에 대한 참을 수 없는 연민이 그것이다. (중략) 나는 개인적이면서 동시에 사회적인 하나의 이상을 추구하면서 살았다. 즉, 나는 개인적으로 고귀한 것과 아름다운 것 그리고 온유한 것에 대한 지속적인 관심, 좀 더 세속적인 시대에 지혜를 가져다주는 통찰력 등을 추구해왔다. 한편 나는 사회적으로 개개인들이 자유롭게 성장할 수 있는 사회, 우리에게 아무런 자양분도 주지 못하는 증오와 탐욕과 시기가 사라진 그런 사회를 꿈꾸며 살아왔다. 나는 이와 같은 이상들을 믿었으며, 세상에서 일어나는 모든 잔혹한 일도 나의 신념을 뒤흔들지는 못했다.

○

당신이 어떤 솔직한 노인에게 묻는다면 그는 이렇게 말하고 싶을 것이다. 이 세상에서 삶을 향유하고 싶지 저 세상에서 '아기'로 다시 시작하고 싶지 않다고.

○

이제 늙어 종말에 가까워서야 비로소 그대를 알게 되었다. 그대를 알게 되면서 나는 희열과 평온을 알게 되었다. 그토록 오랜 외로움의 세월 끝에 나는 인생과 사랑이 어떤 것인지 안다. 이제, 잠들게 된다면 아무 미련 없이 편히 자련다.

○

종교는 인류에게 커다란 해악을 저질렀으니, 모든 두려움은 나쁘다고 생각하게 만든 것이다. 나는 내가 죽으면 썩어 없어질 뿐 나의 에고 따위가 남을 거라곤 생각하지 않는다. 내 나이는 젊지 않지만 삶을 사랑한다. 그러나 내가 허무로 돌아간다는 생각에 공포로 몸을 떠는 모습에 대해선 경멸한다. 행복이 진정한 행복일 수 있는 건 그것에 끝이 있기 때문이며, 사고나 사랑이 영원히 지속되지 않는다고 해서 그것들이 제 가치를 잃는 것도 아니다.

나의 인생 신조는 일로 즐거움을 삼고,
즐거움을 또한 나의 가장 큰
일로 삼는 것이다.

_ 아알론 바(미국 작가)

존 러스킨의 좋은 말

● 영국 수필가, 사회사상가, 평론가 ●

마지막에는 우리가 생각하는 것,
우리가 아는 것, 우리가 믿는 것은
별로 중요하지 않다.
중요한 것은 우리가 그것을
행하느냐이다.

○

근로에 의하지 않은 부의 소유는 죄악이다.

○

그대의 모든 재능과 지식은 남을 돕기 위한 수단이라고 생각하라.
강한 자, 현명한 자에게는 그 힘과 총명이 약한 자를 지도하고 돕기
위하여 부여된 것이다. 그 힘과 지혜로 약한 자를 압박하라고 부여
된 것이 아니다.

○

아침의 여명은 생활의 시작처럼 보이고
저녁의 석양은 생활의 마지막처럼 생각될 것이다.
이 짧은 일생의 하루 하루를 남을 위해 바치는 사랑
그리고 자기 자신을 위한 노력의 흔적으로 길이 남도록 하라.

노화에 맞서는 4가지 방법

- 꾸준히 일상적인 운동을 하라. 남자들은 나이 들면 힘과 근육량의 손실이 더욱 빨리 일어난다. 건강한 신체를 유지하기 위해 부지런하지 않으면 나이 들어가면서 허약한 육체로 인한 낙상은 점점 더 자주 일어난다.

- 나이가 들면 테스토스테론 수치가 현저히 떨어질 수 있다. 이때부터 가슴은 커지고 복부 비만이 일어나며, 슬픈 느낌, 성급함 그리고 집중력 부족 같은 증상이 나타나기 시작할 수 있다. 테스토스테론 수치를 측정하기 위해 정기적으로 의사를 찾아라.

- 정기적으로 시력과 청력을 검사하라. 시력과 청력의 상실 조짐은 노화를 알리는 경고 신호이기 때문에 60대 이상이 되면 반드시 정기 검사를 받아야 한다.

- 슬픔이나 불안을 느낀다면 배우자에게 솔직히 털어놓아라. 흔히 아내들은 남편의 노령과 체력의 감소에 대한 불안에 심적 타격을 받는다. 이때 의사는 자신감을 회복하도록 도울 수 있고, 당신의 기능을 유지하고 향상시키기 위해서 일상을 조직화할 것이다.

_마리안 J. 레가토(미국 대학교수),《왜 남자가 여자보다 일찍 죽는가?》중에서

레오나르도 다 빈치의 좋은 말

● 이탈리아 화가 ●

가끔 떠나라. 떠나서 잠시 쉬어라.
그래야 다시 돌아와서 일할 때
더 분명한 판단을 내릴 것이다.
쉬지 않고 계속 일하다 보면
판단력을 잃게 되니 조금 멀리 떠나라.
그러면 하는 일이 좀 작게 보이고
전체가 한눈에 들어오면서
어디에 조화나 균형이 부족한지
더욱 자세하게 보일 것이다.

○

나는 유용함의 능력을 잃기보다는 차라리 움직임의 능력을 잃어버리는 쪽을 택하겠다. 활동하지 않는 것보다는 차라리 죽음을 택하겠다. (중략) 쓸모 있는 사람 노릇을 하는 일에 나는 지친 적이 없다.

○

노년에는 양식 대신 지혜를 먹고산다는 사실을 마음 깊이 새긴다면, 늙어서 궁핍하지 않도록 젊은 시절에 열심히 지혜를 쌓아둘 것이다.

○

노인의 죽음은 열 때문이 아니라면 혈관 때문에 생긴다. 혈관 벽이 너무 두꺼워져서 막히며, 피가 지나갈 통로가 좁아지기 때문이다.

○

명예는 노동하는 두 손안에 있다.

○

보람 있게 보낸 하루가 편안한 잠을 가져오듯이
값지게 쓰인 인생은 편안한 죽음을 가져다준다.

○

사는 법을 배운다고 생각하면서
나는 죽는 법을 배우고 있었다.

○

쇠도 쓰지 않으면 녹슬고,

물도 흐르지 않으면 부패하고, 추울 때는 언다.

사람의 두뇌 역시 이와 마찬가지로

끊임없이 쓰지 않으면 마침내 퇴화한다

○

장애물은 나를 무너뜨리지 못한다.

모든 장애물은 단호한 결단력을 낳는다.

별에 시선을 고정한 사람은 마음을 바꾸지 않는다.

○

정신적 정열은 육욕을 쫓아낸다.

Aphorism

로널드 W. 레이건의 좋은 말

● 미국 제40대 대통령 ●

성장에는 한계가 없다.
인간의 지혜, 상상력, 경이로움에
한계가 없기 때문이다.

〰〰〰

인생은 웅장하고 달콤한 노래이다.
지금부터 연주를 시작하라.

〰〰〰

○

저는 이번 선거에서 나이를 문제 삼지 않겠습니다.

먼데일 후보가 젊고 경험이 없다는 사실을

정치적인 목적에 이용하지 않겠습니다.

_1984년 선거 때 한 말

○

이제 나를 내 인생의 황혼으로 이끌어갈 여행을 시작한다.

_1994년 11월 5일 알츠하이머병에 걸렸음을 공개하면서

○

지금까지 열심히 일해서 죽은 사람이 없는 것은 사실이지만,

그렇다고 위험을 무릅쓰면서까지 일할 이유는 없다.

●

죽음은 좋은 것들을 바라는 욕망까지 앗아간다. 제일로 악한 것은 늙는 것이다. 온갖 즐거움을 앗아가면서도 즐거움을 바라는 마음은 남겨두고, 그 대신 온갖 고통을 안기기 때문이다. 그런데도 우리는 죽음을 두려워하고 늙은 채로 있기를 바란다.

_자코모 레오파르디(이탈이아 시인, 철학가)

●

인생은 영원하며 사랑은 죽지 않는다. 죽음은 지평선일 뿐, 지평선은 우리 시야(視野)의 한계 이외엔 아무것도 아니다.

_R. W. 레이몬드(미국 수필가, 광산기사)

●

바쁘게 지내라. 그것이 늙지 않는 비결이다. 일을 그만두지 말고 항상 바쁘게 활동적으로 지내는 것이 중요하다. 나는 항상 체중에 신경을 쓰며 다이어트를 한다. 항상 걸어라. 그것이 체형을 유지하는 최선의 방법이다. 나는 보통 하루에 5마일 내지 6마일을 걷는다.

_I.J. 레코비츠(미국 전 뉴욕주 검찰총장)가 77세 때 한 말

당신은 빈손으로 태어나서 빈손으로 죽는다.
그러니 마음껏 인생을 즐겨라.

_패트릭 래프터(미국 테니스 선수)

존 레인의 좋은 말

● 미국 작가 ●

나는 늙는다는 것은 마음가짐의 문제이며,
환경에 적응하고 창조적으로 생각하며
긍정적으로 살고 다른 사람에게
적극적으로 관심을 가지려는
의지의 문제라고 믿는다.

_《멋지게 나이 드는 기술》중에서

나이 든다는 것은
넓은 영역에 걸쳐 새로운 흥미를 찾을 수 있는
자유 말고도 특별한 미덕을 갖춰준다.
바로 겸손이다.

_《멋지게 나이 드는 기술》중에서

프리드리히 로가우의 좋은 말

• 독일 시인 •

즐거움과 절제와 평온의 생활에는
의사가 필요 없다.

~~~~~~~~~

희망은 든든한 지팡이요,
인내는 여행용 옷이다.
이 둘만 있으면 사람은
이 세상과 무덤을 지나
영원으로 걸어갈 수 있다.

~~~~~~~~~

●

반짝이는 눈, 젊음의 황금기로부터 인생의 중반에 이르기까지 그
대 무엇을 하였는가? 정의와 진리를 위해, 신과 인간을 위해.

_존 러벅(영국 인류학자, 작가)

●

시작이 이상한 것은 당연히 끝도 이상하다.

_미하일 유리예비치 레르몬토프(러시아 시인, 소설가)

●

노년은 소음에서 물러선다. 침묵과 망각에 들어선다.

_오귀스트 로댕(프랑스 조각가)

에스티 로더의 좋은 말

● 에스티 로더 코스메틱스 창시자 ●

아름다운 나이는
정해져 있지 않습니다.

〰〰〰

자신에게 알맞은
뷰티 습관을 갖춘다면
나이에 상관없이
당신은 언제나 아름답습니다.

〰〰〰

●

요양원에 있는 노인 93%가 작은 일이나마 스스로 결정할 때 행복을 느낀다. 미리 준비하고 스스로 결정하면 행복해질 수 있다.

_주디스 로딘(미국 심리학자, 전 예일대 학장)

●

삶이란 너무나 시시하고 너무나 너그럽지 않아요. 마지막으로 남은 하나의 아름답고 자비로운 모험은 죽음인 것 같아요.

_D.H. 로렌스(영국 소설가, 시인, 비평가)

●

만족감과 함께 잠자리에 들고 싶다면 매일 아침 투지와 함께 일어나야 한다.

-조지 로리머(미국 저널리스트, 작가)

존 로빈스의 좋은 말

● 미국 환경운동가 ●

눈밭을 뒹굴어라. 빗속을 달려라.
달밤에 춤을 추고, 맨발로 잔디를 밟고,
스케이트와 댄스를 배우자.
친구와 함께 별을 보자.
낙조를 그리고 해 뜨는 장엄한 아침을 보자.

_《존 로빈스의 100세 혁명》중에서

존 로빈스는 100세까지 건강하게 살아갈 수 있도록 이런 일들을 권하고 있다.

- 친절하라.
- 남의 고통에 귀 기울여라.
- 내게 도움 준 사람을 생각하라.
- 내가 좋아하는 책을 선물하라.
- 애정만으로 안 된다. 노력하라!
- 칭찬할 일을 찾아라.
- 받기보다 베풀 일을 찾아라.

엘리자베스 퀴블러 로스의 좋은 말

● 미국 정신의학자, 작가, 임종연구 개척가 ●

생의 마지막 순간에 간절히 원하게 될 것,
그것을 지금 하라.
살고 사랑하고 웃으라.
이것이 우리가 이곳에 존재하는 이유다.
지금 이 순간 가슴 뛰는 삶을 살지 못한다면
우리는 아무것도 아니다.

○

내 삶이 하나님의 선물이라면

내가 원하는 대로 살아도 되는 거겠죠?

어쩌면 죽음이라는 건 뜨거운 태양을 너무 오래도록 바라보다가

마침내 서늘하고 어두운 방 안에 들어섰을 때 느끼는

안도감 같은 것이 아닐까요?

○

죽음에 도달하는 순간 모두 제로가 된다.

삶의 끝에서 아무도 당신에게

당신이 얼마나 많은 학위를 가졌으며,

얼마나 큰 집을 가지고 있는지,

얼마나 좋은 고급차를 굴리고 있는지 묻지 않는다.

중요한 것은 당신이 누구인가 하는 것이다.

이것이 죽어가는 사람들이 당신에게 가르치는 것이다.

_《인생 수업》중에서

●

늙는다는 것은 저항하기 시작하는 것이다. 뻔히 질 줄 알면서 운명에 도전하는 것은 예술이다. 그리고 철학이다.

_조엘 드 로스네(미국 생물학자, 작가),《노인으로 산다는 것》중에서

●

사람이 뭔가를 추구하고 있는 한 절대로 노인이 아니다.

_장 로스탕드(프랑스 생물학자, 과학사가, 철학가)

●

'사람은 패배를 받아들였을 때 비로소 진다'는 말은 페르디낭 포슈 장군(프랑스 군인, 제1차 세계대전의 영웅)의 말이다. 생명의 본질은 죽음이 존재하지 않는 것처럼 싸우는 데 있다.

_기 드 로스차일드(프랑스 은행가)

●

너희 젊음이 너희의 노력으로 얻은 상이 아니듯, 내 늙음도 나의 잘못으로 받는 벌이 아니다.

_T. 로에드케(미국 시인, 작가)

사랑하는 사람아, 내가 죽거든

나를 위해 슬픈 노래 부르지 마셔요.

머리맡에 장미 심어 꽃 피우지 말고

그늘지는 사이프러스도 심지 말아요.

비를 맞고 이슬에 담뿍 젖어서

다만 푸른 풀만이 자라게 하셔요.

그리고 그대가 원한다면 나를 생각해줘요.

아니, 잊으시려면 잊어주셔요.

_C. C. 로제티(영국 시인), 〈사랑하는 사람아, 내가 죽거든〉 중에서

윌 로저스의 좋은 말

● 미국 배우, 유머작가, 저널리스트, 정치가 ●

과거의 일을 걱정해도 바꿀 수 없고,
미래를 걱정해봐도 어떻게 할 수 없습니다.
그저 지금 해야 할 일을 해내는 것이 최선이지요.

인생의 절반은
우리가 서둘러 아끼려던 시간과 관계된
무엇인가를 찾는 데 쓰인다.

나는 매일 아침
늘 젊은이의 기분으로
깨어난다.

_카를로스 로물로(필리핀 정치가, 전 외무장관)

존 D. 록펠러 2세의 좋은 말

● 미국 기업가, 석유재벌 ●

건강한 삶의 비결은 사심 없이 주는 데 있다.
나는 사람이 돈 때문에 행복을 얻는 것이 아니며,
행복은 단지 다른 사람을 도움으로써
얻게 되는 느낌이라고 믿는다.

～～～～～

위대한 것을 이루기 위해
좋은 것을 포기하는 걸 두려워 마라.

～～～～～

○

행복으로 가는 길은 단순한 두 원리에 있다. 자신에게 흥미를 불러 일으키는 것, 그리고 자신이 잘해낼 수 있는 것이 무엇인지 알아내면 된다. 그것이 무엇인지 알았으면 모든 정신, 에너지, 야망, 타고난 능력을 거기에 쏟아부어라.

○

나는 늘 끔찍한 실패를 기회로 만들려고 애를 쓴다.

○

세상에 어떤 대가를 지불하고서라도 얻고 싶은 것이 있다면 그것은 바로 인간관계다.

●

록펠러는 엄청난 재산을 사회에 환원했을 뿐만 아니라, 인생 후반
부를 봉사와 섬김으로 일관되게 살았다. 그는 98세 때 이렇게 회고
하였다.

"인생 전반기 55년은 쫓기며 살았지만, 후반기 43년은 행복하게
살았다."

●

젊음은 놀라운 일이지만 성숙하고 경험이 풍부한 일도 그에 못지
않게 바람직하다.

_버나드 바루크(미국 기업인)

로맹 롤랑의 좋은 말

● 프랑스 작가, 극작가, 평론가 ●

나태함은 유혹의 온상이며, 질병의 요람이고,
시간을 낭비하는 장본인이자
행복과 건강을 갉아먹는 좀이다.

〜〜〜〜〜〜

활기가 넘치는 사람은 왜 사는지 절대 반문하지 않는다.
그저 삶 그 자체를 위해 열심히 살아갈 뿐이다.
삶에 최선을 다하는 것이야말로
정말 아름다운 일이다.

〜〜〜〜〜〜

○

사랑은 인생의 모든 갈등을 해결해주고 죽음의 공포를 없애준다.

그것은 다른 사람을 위해 희생할 수 있는

진실한 선이자 최고 경지의 선이다.

○

언제까지나 계속되는 불행이란 있을 수 없다.

꾸준히 참고 견디거나 용기를 내어 쫓아버리도록 하라.

○

이 세상에서 가장 비참한 것은

자신이 하고 싶은 일을 하지 못하는 것,

이미 계획을 세워놓은 일에 감히 손대지 못하는 것,

어떤 목표로 나아가는 도중에

되돌아 나오거나 중도 하차해야 하는 것이다.

○

이미 결정을 내렸으면 절대 후회하지 말라.

이후에는 자신의 의무에 최선을 다하는 데만 전념하라.

○

인생은 고난의 연속이다.

평범하고 세속적인 삶을 달가워하지 않는 자에게

인생은 밤낮없이 이어지는 비참한 전쟁이다.

빛도 없고 행복도 없이

고독과 고요 속에서 벌이는 사투일 뿐이다.

○

인생은 왕복차표를 발행하지 않는다.

일단 떠나면 다시는 돌아오지 못한다.

○

인생의 행복은 내면에서 나온다.

가만히 앉아 외부에서 행복이 오기를 기다려봐야

아무 소용이 없다.

○

일어서라! 살아야 한다!

죽어야 한다면 선 채로 죽어라!

○

지식을 많이 쌓았다고 좋은 것은 아니다.

중요한 것은 지식의 양을 불문하고

그러한 지식이 모두 자신의 피와 땀으로 이뤄낸 수확이자

자발적으로 노력해서 얻은 열매여야 한다는 것이다.

○

진실한 우정,

생사를 같이할 정도의 진한 우정을 체험해본 사람만이

세상의 기쁨을 맛볼 수 있다.

○

가장 뜨거운 사랑은 고통을 거쳐야 성숙된다.

○

나는 사상이나 힘으로 승리한 사람을 영웅이라고 부르지 않는다.
마음으로 위대했던 사람을 영웅이라고 부른다.

○

내면의 행복이란
건전하고 정상적이며 화목한 삶을 영위할 때
비로소 느낄 수 있다.

●

누군가 당신의 말을 진지하게 귀 기울여 들어줄 때는 정말 기분이 좋다. 누군가 내 이야기에 귀를 기울이고 나를 이해해주면, 나는 새로운 눈으로 세상을 다시 보게 되어 앞으로 나아갈 수 있다.

_마셜 로 B. 로젠버그(미국 심리학자, 작가),《비폭력 대화》중에서

●

시간은 현재이다. 과거는 서막일 뿐이다. 미래는 아직 개입하지 않았다. 그러니 현재에 충실하라.

_딕 로허(미국 퓰리처상 수상자)

●

인생에는 세 가지 단계가 있다. 청소년기, 중년기 그리고 '아직도 정정하십니다'라는 말을 듣게 되는 시기.

_넬슨 A. 록펠러(미국 정치가, 제41대 미국 부통령)

때로는 짧은 글에
심오한 지혜가 담겨 있다.

_소포클레스(그리스 비극 시인)

월터 롤리 경의 좋은 말

● 영국 시인, 비평가, 정치가, 탐험가 ●

명성은,
공허한 산울림에
지나지 않는다.

○

우리 인생이란? 그것은 하나의 수난극(受難劇);

우리의 웃음은 음악의 빠른 반주

어머니의 배 속은 극장의 의상실

이 짧은 희극을 위해 옷을 차려입는.

하늘은 판결을 내리는 날카로운 관객이라,

연기가 틀린 자를 늘 조용히 채점을 한다;

찌는 듯한 햇볕을 가려주는 무덤은

연극이 끝났을 때 내려진 막과 같아라.

이와 같이 우리는 연기를 하며, 최후의 안식을 향해 행진하도다,

죽을 땐 엄숙하기만 하고-그건 결코 농담이 아냐.

_〈삶이란 무엇인가?〉

헨리 워즈워드 롱펠로의 좋은 말

● 미국 시인 ●

과거를 애절하게 들여다보지 마라.
다시 오지 않는다.
현재를 현명하게 개선하라.
너의 것이니.
어렴풋한 미래를 나아가 맞으라,
두려움 없이.

～～～

내뱉은 말은 상대방의 가슴속에
수십 년 동안 화살처럼 꽂혀 있다.

～～～

○

구름 뒤에는 항상 햇빛이 존재한다.

○

그러면 이제 일어서서 행동하자,

어떤 운명에도 맞설 심장을 지니고.

끊임없이 성취하고 끊임없이 추구하며,

열심히 일하는 법을 배우고 기다리는 법을 배우며.

○

길을 가득 메운 사람들의 열띤 함성,

군중의 외침과 박수 소리.

승리와 패배는 그런 데 있는 것이 아니라

바로 우리 자신 속에 있다.

○

끈기는 성공의 위대한 비결이다.

만일 오랫동안 큰소리로 문을 두드린다면,

당신은 분명 누군가를 깨울 것이다.

언젠가는 누군가 깨어 그 문을 열어줄 것이다

○

노년은 청춘에 못지않은 좋은 기회가 될 수 있다.

○

미래를 신뢰하지 마라.

죽은 과거는 묻어버려라.

그리고 살아 있는 현재에 행동하라.

○

아무리 우리가 열심히 일한다 해도

아직 하지 않은 일이 남아 있다.

완성되지 않은 일이

여전히 날이 밝기를 기다리고 있다.

○

우리가 가야 할 곳 혹은 가는 길은

향락도 아니요 슬픔도 아니요.

내일이 저마다 오늘보다 낫도록 행동하는 그것이

우리의 목적이요, 길이다.

○

시작하는 재주는 위대하지만,

마무리 짓는 재주는 더욱 위대하다.

○

인생의 후반에 접어드는 것은 알프스 산을 등정하는 것과 같다.

당신은 눈 덮인 정상에 올라가

등 뒤로 끝없이 펼쳐진 험준한 계곡을 바라본다.

당신 앞에는 더 높은 흰 정상들이 눈에 보이며

거기에 도전할 힘이 아직 남아 있을 수도 있고

그렇지 않을 수도 있다.

그때 당신은 자리에 가만히 앉아

그 산들이 어떨 것인지 깊이 명상한다.

○

죽음이란 없다. 그와 같이 보이는 것은 변화이다.

죽음의 입김이라는 이 생명은,

생명 극락의 외곽지대에 불과하며,

우리가 그 입구를 사망이라 부를 따름이다.

○

지친 심장이 고동치는 것을 멈추기 전에는
어떤 것도 너무 늦지 않다.

○

행운과 행복은 한순간에 찾아오지 않는다.
일을 하면서 기다려야 한다.

○

행동하라. 오늘보다 높은 내일을 위해 행동하라.
세계의 넓은 들판에서, 인생의 싸움터에서,
목매인 송아지처럼 쫓기지 말고 투쟁하는 용사가 되라.
위인의 생애를 돌아보고 인생을 숭고히 하라.
그리고 그대의 생이 끝나는 날, 시간의 모래 위에
영원한 발자국을 남겨라.

●

시인 롱펠로는 감미롭고 대중적인 시로 미국 독자들의 마음을 사로잡았다. 비록 나이가 들어 머리칼은 하얗게 셌지만 얼굴빛이나 피부는 젊은이 못지않았고 생각 또한 젊었다.

오랜만에 롱펠로를 만난 친구는 전혀 노인처럼 보이지 않는 그의 모습에 깜짝 놀라서 비결을 물었다.

"상당히 젊어 보이는군. 젊음을 유지하는 어떤 비결이라도 있는가?"

롱펠로우는 정원의 커다란 나무를 바라보며 천천히 말했다.

"저 나무를 보게. 저 나무는 이제 노목이라고 할 수 있지. 그러나 매년 저렇게 꽃이 피고 열매가 열린다네. 그것이 가능한 것은 매일 조금씩이라도 성장을 지속하고 있기 때문이지. 나도 마찬가지라네, 나이가 들더라도 조금씩이나마 성장해야겠다고 마음먹고 있기 때문에 이렇게 젊어 보일 수 있는 거라네."

_이종주(한국 작가),《세상에서 가장 지혜로운 101가지 이야기》중에서

잘랄루딘 루미의 좋은 말

● 이란 신비주의 시인 ●

당신이 죽을 때
당신의 쉴 곳을
지상에서 찾지 말고
당신의 마음속에서 찾아라.

〜〜〜〜〜〜

○

민첩하게 일어나서

남과 다른 당신의 길을 가라.

○

어떤 일이 찾아오든 감사하라.

모든 일 하나하나는 먼 곳에서 보낸 지침이다.

○

우주의 모든 것은 그대 안에 있다.

무엇이든 그대 자신에게 물어보라.

○

죽음은 불멸과의 결혼식이다.

장 자크 루소의 좋은 말

● 프랑스 사상가, 소설가 ●

인생은 얼마나 빨리 지나가는가?
최초의 4분의 1은 깨닫지 못하는 사이에 지나가고,
마지막 4분의 1은
즐거움을 누리지도 못하고 지나간다.
그리고 이런 쓸모없는 양쪽 사이의 시간도
잠, 노동, 고통, 속박, 온갖 슬픔 등으로 소비된다.
인생은 짧다.

되찾을 수 없는 게 세월이니
시시한 일에 시간을 낭비하지 말고
순간순간을 후회 없이 잘 살아야 한다.

○

나는 벌이 두려운 것이 아니라,

수치(羞恥)만이 두렵다.

죽음보다도, 형벌보다도, 이 세상의 무엇보다도

나는 수치가 제일 두렵다.

○

노인에게도 아직 배울 것이 있다면,

그것은 죽는 것을 배우는 것이다.

○

만약 우리가 한 번은 반드시 죽는다는 것을 모른다고 하면

생명을 유지해나가는 것은 수지가 맞지 않는 일일 것이다.

○

'산다는 것'은 단순히 호흡하는 것이 아니라 '활동하는 것'이다. 그것은 우리 인간의 전 기관을, 감각을, 기능을 이용하는 행위이며 우리 인간에게 '살아 있다'는 느낌을 준다. 그러므로 가장 오래 사는 사람이란, 가장 나이가 많은 사람이 아니다. 이렇게 오래 산 사람 중에는 최근 백 세가 넘도록 살다 죽은 사람도 있었지만, 그는 태어났을 때부터 산 시체에 불과했다. 그러므로 이러한 사람은 차라리 젊어서 죽는 편이 좋았을 것이다. 이것으로 미루어 보건대, 가장 오래 사는 사람이란 인생을 가장 재미있게 즐기는 사람이다.

○

우리는 태어나면서 경기장으로 들어가고 죽으면 그곳을 떠난다. 그 경기용 차를 더 잘 몰도록 배운들 무슨 소용이 있겠는가? 이제는 그저 어떻게 퇴장하면 좋은지를 생각하면 된다.

꿈을 갖고 배우며, 변화를 도모하기에

너무 늦은 때란 없다.

_시어도어 루빈(미국 정신분석가)

루쉰의 좋은 말

• 중국 작가 •

거대한 건축은
나무 한 토막과 돌 한 조각을
쌓아서 지어 올린 것이다.
우리가 이 나무 한 토막과
돌 한 조각이 되면 어떠하겠는가?
내가 항상 자질구레한 일을 하는 것은
바로 이 때문이다.

○

말로만 하는 것은 안 된다. 중요한 것은 실천이다.

○

병상에 누워서 세월을 보낸다는 건 너무 무료해서
나 자신이 살아 있다는 것을 느끼지 못하게 한다.
일 안 하면서 몇 년 더 사는 것보다
열심히 일하면서 몇 년 덜 사는 것이 훨씬 낫다.
주변 사람들만 괴롭히기 때문이다.
일하지 않고 산다는 것은 헛사는 것이다.

○

생명의 길은 진보한다. 생명은 죽음을 두려워하지 않는다.
죽음 앞에서도 웃고, 뛰면서 도망치는 사람들을 앞질러 전진한다.
길이란 무엇인가? 그것은 길이 없는 곳을 밟고 걸어서 생긴 것이다.

○

시간은 스펀지의 물과 같아서 짜내기만 하면 언제든지 나온다.

○

우정은 두 마음이 서로를 진실하게 대하는 것이다.
한 마음이 다른 마음을 일깨워주는 것이 아니다.

○

위대한 정신은 비참한 역경을 웃으며 맞이하며,
모든 불행에 용감하게 대응한다.

○

이 세상에서 건강하고 현명한 노인보다

더 아름다운 것은 없다.

○

인생의 여행에 올라라.

앞은 멀고 어둡다.

그러나 두려워하지 마라.

겁내지 않는 사람 앞에 길이 있다.

○

시간은 생명이다.

쓸데없이 남의 시간을 낭비하는 것은

재물이나 목숨을 해치는 것과 같다.

○

시간을 아끼면 유익한 인생을 더욱 풍요롭게 만들 수 있고

우리의 생명을 연장시킬 수도 있다.

시어도어 루스벨트의 좋은 말
● 미국 제26대 대통령 ●

당신은
당신이 있는 곳에서
당신이 가지고 있는 것으로
무엇이든지 할 수 있다.

○

인생은 단 한 번뿐입니다. 저승 같은 것은 아무래도 좋습니다. 단순히 무사안일한 생활을 보내기보다는 이 세상에서 무슨 일이든 달성하겠다는 모험을 시도하는 쪽이 내 인생에는 더 잘 어울리니까요.

○

죽음은 항상 어떤 상황 아래서도, 비극이다. 만약 그렇지 않다면, 인생 자체가 비극이었다는 것을 의미하기 때문이다.

●

더 늙어가는 것은 지옥과 같다.

_베이브 루스(미국 야구 선수)

●

인생은 단 한 번이다. 하지만 제대로 산다면 한 번으로도 충분하다.

_조 E. 루이스(미국 코미디언, 배우)

엘리너 루스벨트의 좋은 말

● 미국 인도주의자, 외교관, 칼럼니스트, 강연자, 프랭클린 D. 루스벨트 대통령의 부인 ●

누가 당신을
한 번 배신했다면 그 사람 탓이고,
두 번 배신했다면 당신 탓이다.

～～～～

한 사람의 철학은
말뿐 아니라
그 사람이 하는 선택에도 잘 드러난다.
우리는 오랜 세월에 걸쳐
자기 자신과 인생을 만들어간다.
이 과정은 죽을 때까지 끝나지 않는다.
그리고 우리가 하는 선택은
우리 자신에게 책임이 있다.

～～～～

○

두려움과 진정으로 맞서 싸울 때

당신은 힘과 경험과 자신감을 얻는다.

당신은 당신이 할 수 없다고 생각하는 그 일을 해야만 한다.

○

미래는 자신의 꿈이 가치 있는 것임을 믿는 사람들의 것이다.

○

사랑을 베푼다는 것 그 자체로 살아 있는 교육이다.

○

삶에 대한 우리의 관심을 유지하고

내일에 대한 기대를 갖게 하는 것은

다른 사람들에게 즐거움을 주는 일에서 시작됩니다.

○

행복은 목표가 아니라 부산물입니다.

○

세상에 기여하는 일을 그쳤을 때

사람은 죽음에 가까워지기 시작한다.

○

어둠을 저주하기보다는 촛불을 켜는 게 낫다.

○

젊은이가 가진 아름다움은 우연히 타고나는 것이지만

아름다운 노인은 인위적인 노력에 의해 만들어진다.

프랭클린 D. 루스벨트의 좋은 말

● 미국 제32대 대통령 ●

사람은 죽어도 책은 결코 죽지 않는다.
어떤 힘도 기억을 제거할 수는 없다.
책은 무기이다.

○

생각해보면,

내 인생은 일곱 번 넘어지고

여덟 번 일어났던 것이다.

○

오늘 하루 이 시간은 당신의 것이다.

하루를 착한 행위로 장식하라.

○

우리가 유일하게 두려워하는 것은

두려움 그 자체이다.

○

행복은 단순히 돈을 소유하는 데 있지 않다.

행복은 성취의 기쁨과 창조적인 노력의 전율 속에 있다.

●

명예 없이 살기보다는

명예를 얻고 죽는 편이 천 배나 낫다.

_루이 6세(프랑스 왕)

●

지혜와 직관을 창조적 도구로 연마하면

70대에도 창조적인 삶을 살 수 있다.

_로버트 루트번스타인(미국 대학교수),《생각의 탄생》중에서

●

용감해진다는 것은 누군가를 무조건적으로, 아무런 대가를 바라지
않고 사랑하는 것이다. 그냥 주는 것이다. 그러기 위해서 용기가 필
요하다. 우리 중 누구도 완전히 실패하거나 상처를 입을 정도로 속
마음을 내보이고 싶지 않기 때문이다.

_마돈나(미국 가수, 영화감독)

모두들 천국에 가길 원하지만
아무도 죽길 원하지 않는다.

_조 루이스(미국 권투선수)

Aphorism

마르쿠스 루카누스의 좋은 말

● 고대 로마 시인 ●

소심한 자도 용감한 자도
똑같이 죽게 마련이다.

○

정직한 명성은

진정한 선을 기다린다.

○

죽음의 접근으로 그늘지는 사람 외엔 어느 누구도 죽음을 일종의
축복으로 알 뿐, 심뇌(心惱)하는 일이 없다. 신은 사람들이 살도록
자기 앞에 생을 가진 자에게 이것(죽음의 고통이라는 것)을 숨긴다.

○

세상은 덧없다. 모든 사물은 사라진다. 아니면 사라지는 것은 우리
요, 모든 사물은 그대로 머무르는 것인가?

C. S. 루이스의 좋은 말

● 영국 소설가, 학자 ●

과거로 돌아가서 시작을 바꿀 수는 없다.
하지만 지금부터 시작하여
미래의 결과를 바꿀 수는 있다.

~~~~~~~~

너무 나이 들었어도
새로운 목표를 세우거나
새로운 꿈을 꾸지 못할 사람은 없다.

~~~~~~~~

미래란 무엇을 하는 사람이든, 누구든,
1시간 60분의 속도로
모두가 도달하는 곳이다.

~~~~~~~~

●

살아 있는 자는 죽을 것을 염려하고 죽어가는 자는 더 살지 못했음을 아쉬워한다.

_류시화(한국 시인)

●

백 년을 산다고 해도 육체의 삶은 무척 짧다. 이 모든 사실을 깨닫고 나서 나는 사랑하는 사람들과 부딪치느라 내 시간을 낭비하지 않기로 결심했다. 나는 그들을 즐겁게 하고 싶다. 그들이 어떤 생각을 갖고 있는지를 알아내려 하기보다는 그저 있는 그대로의 그들을 사랑하고 싶다.

_돈 미겔 루이스(멕시코 시인),《내가 말을 배우기 전 세상은 아름다웠다》중에서

●

참된 우정은 앞에서 보나 뒤에서 보나 똑같은 것이다. 앞에서 보면 장미, 뒤에서 보면 가시 같은 그런 것이 아니다. 그러므로 참다운 우정은 삶의 마지막 날까지 변하지 않는다.

_프리드리히 뤼케르트(독일 시인)

루크레티우스의 좋은 말

• 고대 로마 시인, 철학가 •

오래 산다고 해서 죽음의 순간이
단축되는 것은 아니다.

〰〰〰

○

육체가 세월이라는 군대에 공격당하고, 사지가 정력의 탕진으로
말미암아 약해질 때 마음은 깨어지고 생각과 말은 빗나간다.

○

인간이 가지고 있는 죽음의 공포는
모두 자연에 대한 인식의 결여에서 생긴다.

○

오래오래 살아서 아무리 많은 세대만큼 산다고 해도
영원한 죽음이 기다리는 것은 마찬가지이니,
겨우 어제 죽은 사람이라도 몇 달 전, 몇 년 전에 사라진 사람보다
죽음 후의 시간이 짧을 리가 없다.

오랫동안 교육을 받아서 무슨 이득을 얻었냐고요?
나는 '위험'에 대처하는 방법을 다 알고 있는데,
그게 다 배운 덕택이 아니겠어요.

_리자이나(미국 86세 노인)

마르틴 루터의 좋은 말

● 독일 종교개혁가, 신학자 ●

비록 세계가 내일 종말을 고하더라도
나는 한 그루의 사과나무를 심겠다.

〜〜〜〜〜

○

죽음은 인생의 종말이 아니라

생애의 완성이다.

○

죽음을 두려워하는 것만큼 어리석은 것은 없다.

다만 두려워해야 하는 것은

이같은 인생의 사적(事蹟)을 지니고 하나님 앞에 서는 일이다.

그러므로 사람은 최후의 결승점에 들어가는 날을

기다리기만 하면 된다.

●

프랑스 소설가 쥘 르나르는 아침마다 이렇게 되뇌곤 했다.

"눈이 보인다. 귀가 즐겁다. 몸이 움직인다. 기분도 나쁘지 않다. 고맙다. 인생은 아름답다."

2007년 노벨문학상 수상자로 선정된 88세의 도리스 레싱(영국 작가) 여사는 노벨문학상 발표 직전에도《알프레드와 에밀리》라는 또 한 편의 소설을 탈고했다고 한다. 그녀는 "노년이 어떤 느낌이냐?"고 묻는 기자의 질문에 이렇게 답했다.

"물론 늙으면 몸이 약해지지요. 그러나 정신적으로 인간은 변하지 않아요."

_류태영(한국 사회학자, 농촌청소년미래재단 이사장, 건국대학교 전 부총장, 작가),《나는 긍정을 선택한다》중에서

Aphorism

해리 리버만의 좋은 말

● 폴란드 출신의 미국 화가 ●

저는 제 나이가 백한 살이라고
말하고 싶지 않습니다.
다만 101년을 살아온 만큼
성숙하다고 할 수 있겠지요.
저는 예순, 일흔, 여든 혹은 아흔 살
먹은 분들께 말씀드리고 싶습니다.
아직 인생의 말년은 아니라고 말입니다.
몇 년이나 더 살 수 있을지 생각하지 말고,
어떤 일을 더 할 수 있을지
생각해보라고 말입니다.

○

여러분도 알다시피 제가 처음 그림을 그리기 시작한 건 76세 때였고, 본격적으로 그림 수업을 받은 건 81세 때였습니다. 요양원에서 체스나 두며 소일하던 때였죠. 하지만 그런 저에게도 기회가 찾아왔고, 저는 그 기회를 놓치지 않았습니다. 저는 지금 성공담을 말하려는 게 아닙니다. 다만 뭔가를 시작하기에 늦은 나이는 없다는 것을 말씀드리고 싶을 뿐입니다. 무언가 할 일이 있다는 것, 그게 바로 삶입니다.

●

해리 리버만은 76세에 그림을 그리기 시작해 101세 되던 해에 22번째 개인전을 열었다. 그는 103세에 사망했다.

●

외로운 노년을 자식에게 기대려는 것은 더 이상 환영받지 못한다. 노년의 상실감을 품위와 의지로 견뎌내는 것이야말로 우리가 마지막으로 용감해질 수 있는 기회다.

_고든 리빙스턴(미국 의사, 작가),《너무 일찍 나이 들어버린 너무 늦게 깨달아버린》중에서

●

노화에 관여하는 유전자들을 통제하는 법을 우리가 알아가고 있기 때문에, 생명 연장의 가능성은 사실상 무한해 보인다.

_윌리엄 리젤슨(미국 버지니아 커먼웰스대학 의약학 교수)

나이는
숫자로 나타내는 것이 아니며
시곗바늘과는 관계없는 것이다.
육체의 반응 속도는
좀 늦을지 모르지만
정신적으로는
더 창조적이고 생산적이다.

_조지 로튼(미국 심리학자)

리칭윈의 좋은 말

• 중국 청나라 말부터 중화민국 초기까지 256년을 산 무술가, 한의사, 약초 연구가 •

사람의 수명(壽命)에는 장단이 있다.

이는 뭔가가 주재하는 것이다.

원기(元氣)는 원기(原氣)라고도 하는데 타고나기도 하고

태어난 뒤에 길러서 얻을 수도 있다.

이것은 신장(腎臟)에서 발원하여

단전(丹田)에 보존되고,

삼초(三焦)를 빌려서 전신에 이른다.

원기는 오장육부 등 모든 장기와 조직이 움직이는

동력의 원천이다.

_《자술》중에서

●

리칭윈은 원기를 아끼는 것을 촛불에 비유하여 생동감 있게 설명했다.

"만일 촛불을 등롱 안에 놓아둔다면 불이 타는 시간이 길어질 것이지만, 비바람이 몰아치는데 놓아둔다면 수명이 짧아지거나 바로 꺼지고 말 것이다."

양생술도 이와 마찬가지라고 하였다.

리칭윈의 장수비결

"나의 장수비결은 늘 평온한 마음을 유지하고, 거북이처럼 여유롭게 앉고, 비둘기처럼 기운차게 움직이고, 개처럼 자는 것이다."

그는 또 자신의 장수 원인 3가지로 첫째, 일생 동안 채식을 하는 것이고 둘째, 마음을 밝고 평온하게 하는 것이며 셋째, 일생 동안 연잎, 결명자, 나한과, 구기자, 병풀, 참마 같은 약초를 달여 마시는 것이라고 꼽았다. 또 그는 사람은 혈통(血通), 요통(尿通), 변통(便通)의 3통을 유지해야 건강하고 장수할 수 있다고 했는데 이는 혈액, 소변, 대변이 잘 통해야 한다는 뜻이다.

리칭윈은 다음과 같은 노자의 말을 아주 좋아했다.

"그대의 형(形)을 힘들게 하지 말고, 그대의 정(精)을 흔들지 말며, 그대의 생각을 복잡하게 하지 말라. 생각을 적게 하여 신(神)을 기르고, 욕심을 적게 하여 정(精)을 기르며, 말을 적게 하여 기(氣)를 길러야 한다."

리칭윈은 양생술을 모르는 사람들은 노자의 이 말의 오묘한 이치를 알 수 없다고 하였다.

리칭원은 청나라의 학자 육룽기의 말도 아주 좋아했다.

"땔감이 충분하고 쌀이 충분하면 아무것도 걱정할 일이 없다. 나는 일찌감치 관청의 녹봉(祿俸)을 먹지 않았으므로 놀랄 일도 없고 욕을 볼 일도 없었다. 다른 사람에게 빚을 지지 않았으므로 이자를 내야 할 일도 없었고 전당포 문을 드나들 일도 없었다. 그저 맑은 차와 담백한 밥을 먹음으로 장수할 수 있었다. 이것이 양생의 요결(要訣)이고 장수에 대한 잠언(箴言)이다. 이 이치를 얻으면 장수할 수 있으므로 애써 영약(靈藥)을 찾아다닐 필요가 없고 금단(金丹)을 만들 필요가 없다."

리칭원은 수명을 기르려면 옛사람들의 가르침대로 자(慈), 검(儉), 화(和), 정(精)의 네 가지를 근본으로 삼아야 한다고 하였다. 그는 자신의 양생 경험에 대해 이렇게 말했다.

"음식을 배부르게 먹지 않는다. 배가 부르면 위장이 상한다. 잠을 지나치게 오래 자지 않는다. 지나치게 자면 정기가 손상된다. 나는 이백 년을 살면서 한 번도 음식을 지나치게 먹은 적이 없고 한 번도 지나치게 잠을 잔 적이 없다. 배고픔과 추위, 고통과 간지러움은 부모가 대신할 수 없다. 쇠약해지고 늙고 병들고 죽는 것을 처자(妻子)가 대신할 수 없다. 스스로 아끼고 스스로 보전하는 것이 양생의 법칙이고 관건이다."

그는 구체적인 생활방법에 대해서도 언급했다. 그는 자잘한 일에 대해 조급해하면 몸이 상한다고 했다.

"춥고 더운데 조심하지 않거나, 발걸음을 너무 빨리하거나, 술과

음탕한 일에 빠지면 반드시 몸이 상하게 마련이고 손상이 커지면 죽는다. 그러므로 선인(先人)들이 남긴 양생술에 따라서 살면 수명을 기를 수 있다. 걸음을 걸을 때 너무 빠르게 걷지 말고, 무엇이든지 눈으로 너무 오래 보지 말고, 귀로 끝까지 듣지 말고, 피곤할 때까지 앉아 있지 말고, 오랫동안 누워 있지 말라. 추위를 느끼기 전에 옷을 입고, 더위를 느끼기 전에 옷을 벗고, 목이 마르기 전에 물을 마시고, 배가 고프기 전에 음식을 먹어라. 음식은 여러 번에 나누어 먹되 적게 먹고 한꺼번에 많이 먹지 말라. 희로애락(喜怒哀樂)이 몸에 영향을 미치지 않게 하고 부귀영화에 마음이 움직이지 않는다면 장수할 수 있다."

린위탕의 좋은 말

● 중국 소설가, 문명비평가 ●

청년 때 글을 읽는 것은
울타리 사이로 달을 바라보는 것과 같고,
중년에 글을 읽는 것은
자기 집 뜰에서 달을 바라보는 것과 같으며,
노년에 글을 읽는 것은
발코니에서 달을 바라보는 것과 같다.
독서의 깊이가 체험에 따라서 다르기 때문이다.

○

늙어간다는 것을 인정하지 않는 것은

자기를 속이는 것밖에는 되지 않는다.

억지로 자연에 대해서 반항할 필요는 없다.

우아하게 늙도록.

○

인생의 황금시대는 늙어가는 장래에 있지,

지나가버린 젊은 시절의 무지에 있지 않다.

○

노인들이 세상을 개탄하고 질타할 때

필연적으로 청년들의 반감을 불러일으킨다.

이래서 침체하려는 세상에 자극제가 던져진다.

●

점점 나이를 먹는다고 항상 생각하는 것만큼 인간을 빨리 늙게 하는 것은 없다.

_게오르크 리히텐베르크(독일 물리학자, 작가)

●

영원한 생활에 가져갈 수 없는 것은 모두 버려도 좋은 것이다.

_안나 로버트슨 브라운 린세이(미국 작가)

오! 너무 늦게 깨달았노라.
현재 살고 있는 그 속에 인생이 있는 것을!
매일매일 순간순간의 생활이 곧 인생이라는 것을!

_스티븐 리콕(캐나다 작가, 경제학자)

찰스 릴런드의 좋은 말

● 미국 저널리스트, 유머작가, 시인 ●

세월은 유수 같아 청춘은 곧 사라지고,
아무것도 전혀 기다리지 않네.
인생은 충실한 것 같으나 영원하지 않고,
조수처럼 흐르네.

～～～～～

수명은 성장하는 동안 늘어난다.
사상이 생명의 척도이기 때문이다.

～～～～～

●

죽음을 들여다보는 일이 꼭 무섭거나 우울할 필요는 없다. 침대에 누워 있거나 휴가를 즐기거나 기분 좋은 음악을 들을 때처럼, 고무적이거나 느긋하거나 편안할 때 죽음에 대해 생각해보면 어떨까? 행복할 때나 건강할 때, 자신감 넘칠 때, 행복감으로 가득할 때 죽음에 대해 생각해보면 어떨까? 자기성찰의 영감이 자연스럽게 샘솟는 특별한 순간이 있지 않은가? 부드럽게 그 순간을 잡아라. 강력한 경험을 할 수 있고 세계관이 통째로 바뀔 수 있는 순간이다. 이전의 믿음이 스스로 바뀌면서 자신이 변하는 모습을 발견할 수 있는 순간이다.

_소걀 린포체(티베트 영적 스승, 수필가),《깨달음 뒤의 깨달음》 중에서

Aphorism

A. 링컨의 좋은 말

● 미국 제16대 대통령 ●

걱정하지 말아라,
하루 세끼 실속 있는 식사를 하고,
항상 기도하고,
창조주 앞에서 겸손하고,
운동하고,
천천히 그리고 편안하게 나아가라.
이렇게 하면, 그대는
좋은 인생을 살아가게 되리라.

〰〰〰〰〰

태어날 때 얼굴은
부모가 만들어주었지만,
성장하면서 자신의 얼굴은
본인의 생각과 행동이
표정으로 발현되기 때문에
40세가 넘으면
자신의 얼굴에 책임을 져야 한다.

○

나는 신념대로 끝까지 걸어가겠다.
끝에 가서 내가 바르게 살았다고 판정되면
그동안의 비판과 비난 들은 무색해질 것이며,
만일 내가 잘못되었다고 하면
열 명의 천사가 인정하더라도 나는 처음부터 다시 시작하겠다.

○

나는 죽음 따위는 전혀 두렵지 않다.
아니, 지금 당장 자연스럽게 죽을 수 있다면
얼마나 행복할까 하고 생각할 정도다.
하지만 나도 사람으로 태어난 이상,
역시 무엇인가 삶의 보람을 느낄 수 있을 때까지
살아야 할 의무가 있다고 생각한다.

○

세월은 참으로 허무하고, 날짜는 참으로 빨리 간다.

○

인격은 한 그루의 나무요, 평판은 그 그림자다.

○

정직과 지식은 나의 보배요 재산이다.

○

내가 웃지 않고 살았으면 이미 죽었다.
여러분도 웃음이라는 약을 사용해보라.

마르쿠스 아우렐리우스의 좋은 말

● 로마 황제, 철학가 ●

가장 오래 산 사람이나
가장 짧게 산 사람이나
죽을 때는 똑같은 것 하나를 잃는다.

○

너는 천년만년 살 것처럼 행동하지 마라.

죽음이 지척에 있다.

살아 있는 동안,

할 수 있는 동안 선한 자가 돼라.

○

지금 당장

이 세상에 작별을 고하지 않으면 안 되는 것처럼

남겨진 시간을

뜻밖의 선물로 알고 살아라.

○

너의 인생의 남은 부분을,

공공 복지에 기여하지도 못할,

다른 사람에 대한 상상으로 낭비하지 말라.

○

명예를 사랑하는 사람은,

남의 행복을 자기의 행복처럼 생각한다.

○

사람이 두려워해야 할 것은 죽음이 아니라,

삶을 시작하지 못한 것이다.

○

얼마나 많은 사람이 명성에 의해

칭찬을 받은 후에 망각 속에 묻혀버렸던가!

다른 사람들의 명성을 찬양해 마지않던

얼마나 많은 사람이 땅속에 묻혀버렸던가!

○

우리가 죽음에 의해서 잃는 것은

얼마 안되는 시간의 일부, 현재의 한순간뿐이다.

○

육체는 이내 썩어질 운명을 지니고 있고, 영혼은 회오리바람이며,

운명은 예측하기 어렵고, 명성은 불확실하다.

육체에 속하는 것은 하나의 흐름이며,

마음에 속하는 것은 꿈과 같고,

생활은 전투와 같고, 죽은 후의 명예는 망각일 뿐이다.

○

죽음은 감각의 휴식, 충동의 절단, 마음의 만족

혹은 비상소집의 중지, 육체에 대한 봉사의 해방에 지나지 않는다.

○

죽음은, 출생과 마찬가지로

자연의 비밀이다.

●

노화는 육체에 시간 의존적 변화들이 무수하게 일어나서 불편과 통증, 결국에는 죽음으로 이어지는 질병이라고 정의할 수 있다. 어쩌면 우리 후손들은 노화 없이 태어날지도 모른다.

_조앙 페드루 드 마갈량이스(미국 하버드 의대의 유전학 연구원)

●

지금 행복하십시오. 행복이 있을 때마다 그것을 두 팔로 안으십시오. 그리고 인생이 주는 작은 기쁨의 전율들을 마음껏 받아들이십시오. 맛있는 커피, 알맞게 구워진 토스트, 기름이 가득한 연료탱크, 황금물결이 굽이치는 밀밭과 아름다운 석양, 그리고 당신에게 주는 칭찬의 소리…. 항상 금덩어리를 찾으려고 애쓰지 마십시오. 얼마 가지 않아 피곤하고 지루해지니까요. 다만 눈앞에 보이는 작은 금싸라기를 즐기며 사십시오.

_M. M 마고(미국 작가),《그대가 성장하는 길》중에서

마르쿠스 마르티알리스의 좋은 말

● 스페인 태생의 고대 로마 시인 ●

너의 처지에 만족하고,
변화를 바라지 말라.
또 최후의 날을 두려워도 말고,
갈망하지도 말라.

○

영광이 사후에 온다면, 나는 급하지 않다.

○

죽는 모습은 죽는 것 자체보다 더 슬프다.

○

착한 자는 그의 인생을 배로 연장한다.
추억 속에서 지난날의 생활을 즐길 수 있다는 것은
두 번 사는 것이기 때문이다.

○

현명하거든 명랑하라.

○

현재의 시간을 즐기고, 과거를 감사하라.

마오쩌둥의 좋은 말

● 중국 정치가, 초대 주석 ●

겸손은 사람을 진보시키고, 자만은 사람을 퇴보시킨다.

○

나의 명예가 내 자손들에 의해 이용되어서는 안 된다.

○

만년은 너무 길다. 오늘이라는 시간을 소중히 여겨라.

○

본보기의 효력은 끝이 없다.

○

스스로 노동하여 먹을 것과 입을 것을 해결하라.

●

참으로 자유로운 사람만이 사랑할 수 있다. 물질적인 재물에 대하여 자유로운 사람은 그것을 타인을 위하여 이용하고 시간적으로 자유로운 사람은 그것을 타인을 사랑하는 데 사용한다.

_줄리아니 마르티라니(미국 작가),《마리아 로메로》중에서

마크 트웨인의 좋은 말

● 미국 작가 ●

꿈이 사라져도 당신은 존재하지만
사는 것은 끝난 것이다.

≋≋≋≋

건강을 유지하는 유일한 방법은
먹고 싶지 않은 것을 먹고,
마시고 싶지 않은 것을 마시고,
별로 하고 싶지 않은 일을 하는 것이다.

≋≋≋≋

○

기분이 좋아지는 가장 좋은 방법은

다른 사람을 기분 좋게 해주는 것이다.

○

언제나 정의를 행하라.

이것은 많은 사람을 기쁘게 할 것이며,

그 밖의 사람들을 놀라게 할 것이다.

○

나는 죽음이 두렵지 않다.

나는 태어나기 전 영겁에 걸친 세월을 죽은 채로 있었고

그 사실은 내게 일말의 고통도 준 적이 없다.

○

나이는 생각하기 나름이다.

신경 쓰지 않으면 문제 될 일도 없다.

○

건강에 대한 책을 읽을 때

주의하는 것이 좋다.

오식 하나로 죽을지도 모르기 때문에.

○

사람은 진정한 자신의 진가를 깨닫지 못하면

스스로에게 만족할 수 없다.

○

세상에서 가장 외로운 사람은

듣고 싶지 않은 진실을 말해줄 친구가 없는 사람이다.

○

슬픔은 혼자서 간직할 수 있다.

그러나 기쁨이 충분한 가치를 얻으려면

기쁨을 누군가와 나누어야 한다.

○

우리는 경험에서 지혜만을 뽑아내도록 신경 써야 한다.

○

유일하게 불멸의 것인 죽음은

우리 모두를 차별 없이 대해준다.

죽음이 가져다주는 평온과 위로는 만인의 것이다.

○

인생이 어떤 것인지 알 만큼 오래 산 사람이라면 누구나

우리 인류의 최초의 위대한 은인인 아담에게 진 감사의 빚이

얼마나 깊은가를 안다.

아담은 이 세상에 죽음을 가져다주었다.

○

주름살은 미소가 머물던 흔적을 표시해줄 뿐이다.

○

죽었을 때 장의사도 슬퍼해줄 정도로

열심히 살라.

○

인류에게는 한 가지 강력한 무기가 있으니

그것은 바로 웃음이다.

○

즐길 힘이 있는데 기회가 좀처럼 오지 않는 것이 인생의 전반이며,

그럴 기회가 많은데 즐길 힘이 없는 것이 인생의 후반이다.

○

나는 천국으로 가고 싶지 않다.

왜냐하면 천국에는 유머가 없기 때문이다.

○

찡그리는 데도 얼굴 근육이 72개나 필요하나

웃는 데는 단 14개가 필요하다.

○

철학이 가미되지 않은 웃음은 재채기 같은 유머에 불과하다.

진짜 유머는 지혜가 가득 차 있어야 한다.

○

젊었을 때는 약간의 돈만 있어도

100배에 달하는 즐거움을 누릴 수 있지만,

아쉽게도 돈이 없네.

나이 들었을 때는

돈을 모았겠지만 돈으로 살 만한 가치 있는 것들이

사라져버린 상태지.

이것이 인생이라네.

○

지금부터 20년 후에는 자신이 한 일보다

미처 하지 못한 일에 더 실망하게 될 것이다.

개척하라. 꿈꾸라. 발견하라.

○

천 년을 살아라. 연달아서가 아니라, 한 번 숨을 쉴 때마다 말이다!

토마스 만의 좋은 말

• 독일 작가, 평론가 •

우리가 죽은 사람을 위한
애도라고 부르는 것은, 아마도
그 사람을 다시 데려올 수 없는 데 대한
슬픔이라기보다 그렇게 하길
원할 수 없는 데 대한 슬픔일 것이다.
젊고 늙음은 스스로의 느낌에 따라 달라진다.

～～～～～

죽음과 질병에의 흥미는
생애의 흥미의 한 형태에 지나지 않는다.

～～～～～

죽음보다 더 강한 것은
이성이 아니라 사랑이다.

～～～～～

●

세상에서 가장 무서운 것은 가난도, 걱정도, 병도 아니다. 그것은
생에 대한 권태이다.

_니콜로 마키아벨리(이탈리아 정치철학가)

●

산 자는 잠시 휴가를 즐기는 죽은 자에 불과하다.

_M. 마테를링크(벨기에 극작가, 시인)

●

우리는 태생적으로 사회적인 동물이다. 사교성은 호르몬 분비와
신경계에 긍정적인 영향을 미친다. 사회적 교류가 거의 없고 사람
들과 함께 있을 때 즐거움을 별로 느끼지 못하는 사람들은 일찍 죽
는다. 친구가 별로 없는 사람의 경우, 심장마비와 암에 걸렸을 때
생존율이 상대적으로 낮다.

_데이비드 마호니(미국 작가),《장수전략》중에서

넬슨 만델라의 좋은 말

• 남아프리카 공화국 정치가, 전 대통령, 노벨 평화상 수상자 •

결코 넘어지지 않는 것이 아니라
넘어질 때마다 일어서는 것,
거기에 삶의 가장 큰 영광이 존재한다.

～～～～～

아무런 대가도 바라지 않고 시간과 힘을 쏟아
남을 돕는 것만큼 큰 재능은 없을 것이다.

～～～～～

○

나는 대단한 인간이 아니다.

노력하는 노인일 뿐이다.

○

온갖 역경에서도 인생의 당당한 주인이 되라.

○

당신들의 선택이 두려움이 아닌 희망을 반영하길 기원한다.

○

우리가 품은 이상, 우리가 가장 좋아하는 꿈과 열망이 우리 생전에 실현되지 않을지도 모릅니다. 그러나 그것은 중요하지 않습니다. 우리가 살면서 자신의 의무를 다하고 동료들의 기대에 어긋나지 않게 살았다는 것만 알아도 충분히 보람 있는 경험이며 아름다운 성취입니다.

존 맥스웰의 좋은 말
● 미국 작가, 리더십 및 자기계발 전문가 ●

경험 자체는 우리에게 아무것도 가르쳐주지 않지만,
평가된 경험은 모든 것을 가르쳐준다.

∼∼∼∼∼

내일을 적절히 준비하기 위해서는
오늘을 제대로 사용해야 한다.

∼∼∼∼∼

○

베풀지 않은 채 받기만 해서는 안 되고,

도움을 받았다면 그 보답을 해야 한다.

○

사람은 음식 없이는 40일을, 물 없이는 4일을,

공기 없이는 4분밖에 생존할 수 없다고 한다.

그러나 희망이 없으면 단 4초도 살 수 없다.

희망은 우리에게 힘든 세월을 견뎌낼 힘을 주고,

우리를 흥분과 기대감으로 부풀게 한다.

○

사람들은 웃긴다.

젊었을 때는 돈을 벌려고 건강을 낭비한다.

늙어서는 잃어버린 건강을 되찾기 위해

벌어두었던 돈을 기꺼이 다 쓴다.

○

비전이 있는 사람은 말은 적으며 행동은 많이 한다.

몽상가는 말은 많으나 행동은 적다.

비전이 있는 사람은 자기 내면의 확신에서 힘을 얻는다.

몽상가는 외부 환경에서 힘을 찾는다.

비전이 있는 사람은 문제가 생겨도 계속 전진한다.

몽상가는 가는 길이 힘들면 그만둔다.

○

과거의 그 어느 것도

당신이 미래의 잠재력을 향해

계속해서 성장할 수 있을지를 보증해주지 않는다.

○

오늘 무엇을 얻고 싶다면 그 무엇을 얻기 위해서 애써야 한다.

위대함은 무엇을 받느냐가 아니라 무엇을 주느냐의 문제이다.

○

태도가 능력을 앞설 때, 불가능한 것이 가능해진다.

○

현재의 당신을 인정하는 것이

지금의 당신보다 나아지기 위한 첫걸음이다.

○

후회 없는 삶을 살기 위해서는 '성장'을 해야 하며,

이를 위해선 실천과 도전정신이 필수이다.

60회 생일,
오늘부터 내 인생의 오후가 시작된다.

_앤 모로 린드버그(미국 작가)

앙드레 말로의 좋은 말

● 프랑스 소설가, 비평가, 정치가 ●

내가 죽는 법을 생각하는 것은
죽기 위해서가 아니다.
살기 위해서이다.

~~~~~~~~~

죽음은 없다.
다만 나만이 죽어간다.

~~~~~~~~~

●

우리의 능력은 깨어나고자 안간힘을 쓰고 있다.

_에이브러햄 매슬로(미국 심리학자)

●

죽어가는 것처럼 살아라.

_팀 맥그로(미국 컨트리음악 가수)

●

웃는 얼굴은 상대방의 마음을 열게 하고 굳은 얼굴은 상대방의 마음을 닫게 한다.

_다니엘 맥닐(미국 저널리스트, 작가)

●

나이는 전적인 부패가 아니다. 그것은 익는 것이요, 부푸는 것이요, 시들어 껍데기를 터뜨리면 속에 새 생명이 있다.

_조지 맥도널드(영국 시인, 소설가)

더글러스 맥아더의 좋은 말

● 미국 군인, 장군 ●

죽음을 두려워하지 않는 자만이
세상을 살아갈 자격이 있다.

○

나는 이제 52년간의 병역을 마친다. 내가 입대하기 전 가졌던 소년의 모든 소망과 꿈을 성취하였다. 웨스트포인트 평야에서 맹세한 이후 세상이 여러 번 바뀌었고, 꿈이 사라진 지 오래지만 그날 자랑스럽게 선포한 가장 인기 있는 막사 발라드 중 하나를 아직도 기억한다. "노병은 결코 죽지 않는다. 다만 사라질 뿐이다"라는 것이다. 하나님이 그 의무를 볼 수 있는 빛을 주신 것처럼 그 의무를 다하고, 나는 이제 그 발라드의 노병처럼 나의 군 경력을 접고 사라져간다. 안녕히.

_1951년 4월 19일 미국 의회에서의 연설문 중에서

●

청춘은 인생의 한때가 아니라

마음의 상태이다.

(중략)

청춘은 욕망의 소심함을 넘어서는

용기의 기질적 우월함과

안일을 거부하는 모험심을 의미한다.

(중략)

청춘은 종종 이십 세 청년보다 육십 세 노인에게 있다.

누구도 나이로만 늙어가지는 않는다.

우리는 이상을 포기할 때 늙어가는 것이다.

_사무엘 울만, 〈청춘〉 중에서

은퇴는 끝난 게 아니라 새로운 시작이며
지적 성장을 위한 기회이며,
자신의 진정한 모습을 발견하는 시기이다.

_조지 맥헨리(미국 의사)

●

노년은 매우 강렬하고 다양한 경험들로 가득 차 있다. 노년은 기나긴 패배인 동시에 승리이다. 나의 70대는 매우 즐겁고 평화로웠으며, 80대는 열정으로 가득 차 있다. 나의 열정은 나이가 들수록 점점 더 강렬해진다.

_플로리다 피어 스콧 맥스웰(미국 배우, 작가, 심리상담가)

●

나이 먹는다는 사실을 두려워하는 사람에게 노년기는 발견의 시간이라고 말해주고 싶다. 만약 그가 무엇을 발견하라는 말이냐고 묻는다면 나는 '혼자 힘으로 발견하셔야 합니다. 그렇지 않으면 발견이 아닐 테니까요'라고 대답할 수밖에 없다.

_P. G. 맥스웰(미국 의사, 작가)

맹자의 좋은 말

● 중국 전국시대의 사상가 ●

근원이 깊은 샘물은
밤낮을 가리지 않고 졸졸 흘러
깊은 못을 가득 채운다.
그러고는 다시 앞으로 흘러나가 바다에 이른다.
지혜란 바로 이런 것이기 때문에
물을 칭송했던 것이다.

〜〜〜〜

머리를 들어 하늘에 창피하지 않고
머리 숙여 남에게 부끄럽지 않다.

〜〜〜〜

○

너에게서 나온 것은 너에게로 돌아간다.

○

널리 은혜를 베풀면 세상을 편안하게 할 수 있고,

널리 은혜를 베풀지 못하면 처자를 지키지 못한다.

○

마음을 수양하는 데는

욕심을 적게 하는 것보다 좋은 방법은 없다.

○

큰일을 하려면 반드시 커다란 고난을 헤쳐가야 한다.

○

행해서 안 될 것은 행하지 말고,

원해서 안 될 것 역시 원하지 말아야 한다.

다른 방법이 있는 게 아니다. 단지 이 방법 외에는 없다.

○

혼자 잠을 자더라도

이불에 부끄럽지 않게,

혼자 어디를 가더라도

자신의 그림자에 부끄럽지 않게 하라.

셜리 맥클레인의 좋은 말

● 미국 여배우, 작가 ●

나는 인간 본성이라는 것이 변할 수 있다면,
어떠한 것도 가능하다는 것을 깨달았다.
그 뒤부터 내 인생은 변했다.

○

서서히 나는 깨닫기 시작했다.

내가 어떤 특정한 상황에서 우울하거나 화나 있을 때에,

그것은 내가 그런 태도를 취하기로 '선택했기' 때문이라는 것을.

다시 말해서, 바로 '나' 자신이 그런 선택을 한 것이다.

내가 생각하기에

우리는 각자 우리 자신의 개인적인 인생 드라마를

우리가 '진실로' 경험하고 싶어하는 것에 따라서 연출한다.

○

자신이 사랑하는 것을 남겨두고 떠나는 고통은

자기 자신과 남들을 이해하기 위한 서곡일 따름이다.

●

창조성의 경이로운 특징 가운데 하나는 자신이 하고 있는 일에 절대 만족하지 못한다는 점이다…. 작품 활동을 그만두는 것은 내게 인생에서 은퇴한다는 의미가 될 것이다.

_로버트 머더웰(미국 화가)이 80세 때 한 말

●

대부분의 사람이 너무 늦을 때까지 결코 이해하지 못하는 진리가 있는데, 그것은 고통을 피하려 하면 할수록 더 겪게 된다는 것이다. 왜냐하면 고통을 두려워하는 것에 비례해서 더 작고 하찮은 일들이 괴롭히기 때문이다.

_토머스 머튼(미국 성직자)

호레이스만의 좋은 말

● 미국 교육자 ●

내일이 무슨 걱정인가.
내가 오늘 이토록
충실히 하루를 살았다면….

○

원칙을 지키기 위해 충동을 억제하지 못하는 사람이 행복을 이야
기해봐야 헛된 일이다. 미래를 위해 현재를 희생하지 못하는 사람
이나 전체의 선을 위해 개인의 선을 희생하지 못하는 사람은 행복
을 말할 수 없다. 그것은 눈먼 사람이 색깔을 말하는 것과 같다.

○

인류를 위해
아무런 일도 해놓지 못한 채 죽는 것을
부끄러워하라.

●

생명이 문을 두드릴 때 기다릴 수 있는 사람 없고, 죽음이 체포하려

할 때 우리는 가야 한다.

_존 메이스필드(영국 시인, 소설가, 극작가)

●

80세 노인이 있었습니다. 어느 날 그 노인은 친구들에게 최근에 그

리스어를 배우기 시작했다고 말했습니다. 친구들은 도대체 그 나

이에 시작해서 어떻게 어려운 그리스어를 배우겠느냐고 물었습니

다. 그러자 노인은 말했습니다.

"내게 남아 있는 날 가운데 오늘이 가장 젊은 날이라네."

_막시무스(한국 작가), 《지구에서 인간으로 유쾌하게 사는 법》중에서

Aphorism

골다 메이어의 좋은 말

● 이스라엘 정치인, 전 총리 ●

노년이란 폭풍우를 뚫고
날아가는 비행기와 같다.
일단 비행기를 타고 있으므로
어찌할 수 없는 것이다.

〜〜〜〜〜〜

움켜쥔 주먹으로 악수를 할 수 없다.

~~~~~~~~~~

어른이 되었다는 것은 죄가 아니다.

~~~~~~~~~~

진심으로 통곡해보지 않은 사람은
진심으로 웃을 줄도 모른다.

~~~~~~~~~~

앤드류 매튜스의 좋은 말

● 오스트레일리아 작가 ●

건강한 흐름을 만들고 싶거든
원하지 않는 것, 쓰지 않을 것, 필요 없는 것들을
모조리 풀어주고 놓아주라.
날아갈 듯 몸과 마음이
가벼워지는 것은 물론이고
문득, 새로운 것들이 자석처럼
끌려옴을 느낄 테니까.

○

긍정적으로 생각하라. 원하는 걸 마음속 깊이 생각하고 또 생각하면 그 바람은 어김없이 현실로 나타난다. 원치 않는 걸 떠올리지 말고 갖고 싶은 것, 하고 싶은 것을 생각하라.

○

변명거리가 많을수록 결과는 나빠진다. 삶에서 끌어내는 즐거움은 우리가 얼마나 많은 변명거리를 만들어내는가와 반비례한다.

○

우주는 끊임없이 무언가를 하라고 우리를 부추긴다. '안 쓰면 녹슨다' 법칙은 우리에게 움직이고 실천할 동기를 준다. 또한 움직이고 실천하면서 우리는 더욱 더 발전한다. 명심하라. 가진 것을 쓰고 가다듬지 않으면 그것마저 잃는다.

○

우주는 공평하고 올바르다.
우리는 내준 것만 돌려받을 수 있다.

○

웃으면 사람의 몸과 마음을 이롭게 하는 온갖 경이로운 일이 일어난다. 엔도르핀이 나와 기분도 좋아지고 마치 조깅을 한 것처럼 호흡기도 튼튼해진다. 그러니 재미난 책과 우스운 영화야말로 가장 좋은 진통제임에 틀림없다. 그런데 웃기 위해서는 마음을 편하게 먹어야 한다. 마음을 편하게 먹을수록 더 많이 웃게 되고 고통도 덜 느끼는 법이다.

○

인생은 한 번뿐이다. 무덤에 들어가면서도 고속도로만큼 긴 '하지 못했던 이유' 목록을 갖고 간다면, 그건 결국 당신이 '하지 않았다'는 것을 뜻한다.

○

중요한 건 당신이 어떻게 시작했는가가 아니라
어떻게 끝내는가이다.

_《자신있게 살아라》중에서

내가 늙어갈수록
노년이 지혜를 가져온다는
귀에 익은 말을 믿지 않는다.

_헨리 루이스 멘켄(미국 평론가, 풍자시인)

허먼 멜빌의 좋은 말

• 미국 작가 •

불행은 칼과 같다.
칼날을 잡으면 손을 베이지만
손잡이를 잡으면 잘 쓸 수 있다.

우리는 우리 자신만을 위해 살아갈 수는 없다.

수천 개의 가느다란 실이

우리를 다른 인간들과 연결시키고 있고,

그 실들을 따라가면 우리의 행동은

근본적인 원인으로 올라가게 되며,

그들은 다시 우리에게 효과라는 실로 돌아온다.

○

인생에는 되풀이 없는 꾸준한 진보는 없다.

우리는 정해진 순서로 나아가는 것이 아니며,

마지막에는 멈춘다.

유아기의 무의식적인 바른 말과,

소년기의 철없는 믿음과, 사춘기의 의심,

그리고 회의 또는 불신을 통과하여,

결국은 성인기의 '만약'이라는 숙고하는 휴식에 이른다.

그러나 한 번 지나가도 우리는 그 원을 다시 밟는다.

그래서 영원히 유아이고, 소년이고, 성인이고, 만약이다.

우리가 더 이상 닻을 올리지 않을,

마지막 정박지는 어디에 있는가?

○

웃음은, 수상한 모든 것에 대한

가장 현명하고 가장 쉬운 대답이다.

《명심보감》의 좋은 말

곧 위에 비교하면 족하지 못하나,
아래에 비교하면 남음이 있다.

나의 좋은 점을 말하여주는 사람은
곧 나를 해치는 사람이요.
나의 나쁜 점을 말하여주는 사람은
곧 나의 스승이다.

○

괴로움은 즐거움의 어머니이다.

○

귀로는 남의 나쁜 것을 듣지 말고, 눈으로는 남의 단점을 보지 말고, 입으로는 남의 허물을 말하지 말라.

○

기회를 놓치지 말라.

○

돈을 모아 자손에게 남겨주어도 자손이 다 지켜내지 못한다. 책을 모아 자손에게 남겨주어도 자손이 다 읽지 못한다. 그러므로 남 몰래 선한 일을 많이 하여 자손의 앞날을 계획하는 편이 훨씬 낫다.

○

만족할 줄을 아는 사람은 가난하고 천해도 즐겁지만, 만족할 줄 모르는 사람은 부하고 귀해도 근심한다.

○

매사에 인정을 베풀면 훗날 기쁘게 다시 만난다.

○

모든 일에 관대하면 많은 복을 받는다.

○

몸을 낮추는 자만이 남을 다스릴 수 있다.

○

바다의 물이 마르면 나중에는 밑이 보인다. 그러나 사람은 죽어도 마음은 알지 못한다.

○

백 세를 사는 사람이 없건만 사람들이 헛되이 천년 계획을 세운다.

○

스스로 자랑하지 말라. 군자가 말했다. 스스로 옳다고 여기는 사람은 분명하게 판단하지 못하고, 스스로 만족해하는 사람은 드러나지 않으며, 스스로 뽐내는 사람은 공로가 없어지고, 스스로 자랑하는 사람은 오래가지 못한다.

○

아무리 화가 나도 참아야 한다. 한때의 분노를 참으면 백 일 동안의 근심을 면할 수 있다.

○

은혜를 베풀었다면 보답을 바라지 말고, 남에게 주었다면 뒤에 후회하지 말라.

○

이미 비상한 즐거움을 취했거든 모름지기 예측할 수 없는 근심에 대비하라.

○

인생에 교만과 사치는 시작은 있으나 대부분 끝이 없다.

○

자신을 낮출 줄 아는 사람이 되라.

○

지극히 즐거움은 책을 읽는 것만 한 것이 없고 지극히 필요한 것은 지식을 가르치는 것만 한 것이 없다.

○

지나치게 욕심을 부리면 걱정이 많다.

○

지나친 생각은 정신 건강을 해칠 뿐이요, 아무 분별없이 하는 막된 행동은 자신에게 도리어 화를 입힌다.

○

지혜는 경험에서 얻어진다. 한 가지 일을 경험하지 않으면 한 가지 지혜가 자라지 못한다.

○

직접 눈으로 본 일도 오히려 참인지 아닌지 염려스러운데 더구나 등 뒤에서 남이 말하는 것이야 어찌 이것을 깊이 믿을 수 있으랴?

○

큰 집 천 칸이 있다 해도 밤에 눕는 곳은 여덟 자뿐이요, 좋은 논밭이 만 경이나 되어도 하루 먹는 것은 두 되뿐이다.

○

착한 일을 보면 목마른 사람이 급히 물을 찾듯이 서둘러서 행동하고, 악한 일에 대한 이야기를 들으면 귀머거리인 양 못 들은 척하라.

○

평생에 남의 눈 찡그릴 만한 일은 하지 말고 살아라. 그리하면 세상에는 나를 향해 이를 가는 사람이 없을 것이다. 당신의 이름을 어찌 그 큰 돌에 크게 새기려 하는가? 길 가는 행인의 입에 당신의 이름을 새기는 것이 돌에다 새기는 것보다 훨씬 오래갈 것이다.

○

하루 동안 마음이 깨끗하고 한가로우면
하루 동안의 신선이다.

앙드레 모루아의 좋은 말

● 프랑스 소설가, 수필가, 역사가, 전기작가 ●

나이를 먹는 기술이란
뒤를 잇는 세대의 눈에 장애가 아니라
도움을 주는 존재로 비치게 하는 기술,
경쟁상대가 아니라
상담상대라고 생각하게 하는 기술이다.

_《나의 생활기술》 중에서

○

노년기는 남녀 간의 우정을 키울 수 있는

가장 적당한 시기이다.

그 나이가 되면 남자와 여자를 구분하는 것에

의미가 없기 때문이다.

○

노년은 우리들을 약하게 한다. 차츰 우리들로 하여금 쾌락을 맛볼

수 없게 한다. 육체와 동시에 마음의 윤기도 앗아버린다. 사랑과 우

정을 멀리하며 마침내는 죽음의 관념으로 마음을 어둡게 한다. 암

담한 조망, 그것이 노년인 것이다.

○

노화에 따르는 제일 나쁜 것은

육체가 쇠약해지는 것이 아니라

정신이 무관심하게 되는 것이다.

○

늙는다는 것은,

바쁜 사람은 형성(形成)할 시간이 없는

나쁜 습관에 지나지 않는다.

○

현명한 사람은

세상을 향해 시간을 보낸 뒤에는

자기 자신의 일과 교양을 위해 시간을 할당한다.

○

늙는다는 것은

머리가 하얘지거나 주름살이 느는 것 이상으로

"이미 때는 너무 늦다"

"승부는 끝나버렸다"

"무대는 완전히 다음 세대로 옮겨갔다"고

절실히 느끼게 되는 것이다.

○

볼테르는 65세에 《캉디드》를 썼고, 빅토르 위고는 만년에 누구보
다도 아름다운 시를 창작했으며, 괴테도 《파우스트》 제2부의 훌륭
한 종장을 만년에 썼다. 바그너는 69세 때 《파르지팔》을 완성했다.
현대의 예로는 71세의 폴 크로딜이 25세 때 작품 《마리아를 향한
고백》을 만년에 전부 다시 썼던 적이 있다.

_《나이드는 기술》 중에서

●

얼마 전 일흔이 넘은 한 노인이 심각하게 말했다.

"70년! 꿈처럼 지나가버린답니다. 이제는 젊은 시절의 그리운 추억밖에는 남아 있지 않아요. 청춘은 짧다고 말하지만 짧은 정도가 아닙니다. 순식간에 후딱 지나가버리고 말아요."

_모리 아리마사(일본 철학가),《바빌론 강가에서》중에서

●

시력이나 청력, 체력, 민첩성이나 단기 기억력의 저하 등 자신의 몸에 노화가 진행되는 것을 지켜보려면 엄숙할 정도로 평온하거나 인내하는 영웅적 용기가 필요하다.

_메리 C. 모리슨(미국 작가)

●

죽기까지 하나의 마음만이라도 깊이 해집고 들어갈 수 있다면, 그것으로도 행복하다고 하지 않을 수 없다.

_프랑수아 모리아크(프랑스 작가)

열정의 정체

●

단 하루라도
일을 하지 않고는
못 배길 정도로
당신이 사랑하는 것을 찾으라.

_로버트 몬다비(미국 와인 사업가)가 90이 넘은 나이에 한 말

●

미국 최고의 민속화가인 그랜드마 모지스는 백한 살로 타계할 때 1600점의 작품을 남겼다. 모제스는 일흔다섯 살까지는 10남매를 길러낸 평범한 주부였다. 하지만 그때부터 그림을 그리기 시작해 최고의 명성을 얻었다. 그녀는 자손들에게 멋진 유산 한마디를 남겼다.

"열정이 있는 한 늙지 않는다."

_최규상, 황희진, 《넘치는 긍정力 사전》 중에서

●

죽음은 한 사람의 인생에서 마지막 단어가 아니다.

어떤 이가 의인이었든지 악인이었든지 상관없이,

이 세상을 떠날 때 그는 무엇인가를 남기게 된다.

그것은 암이나 독같이 자라거나 퍼질 수도 있고

축복으로 주위를 충만하게 하는 향기로운 향수나

아름다운 꽃과 같은 것일 수도 있다.

_제임스 모펏(미국 기업인)

●

정말 하고 싶은 일을 하세요.

신이 기뻐하며 성공의 문을 열어주실 겁니다.

당신 나이가 이미 80이라 하더라도요.

_애나 메리 로버트슨 모지스(미국 화가)

Aphorism

서머싯 몸의 좋은 말

● 영국 소설가, 극작가 ●

노년은 그 나름의 즐거움이 있다.
그것은 다르기는 하나, 청춘의 즐거움에 못지않다.

∼∼∼∼∼

고생을 많이 하여
세상 물정에 밝은 사람은
까다로운 역경을 우아하게 넘긴다.

∼∼∼∼∼

중요한 것은 사랑을 받는 것이 아니라
사랑을 하는 것이다.

∼∼∼∼∼

○

노년의 최대의 보수는 정신의 자유이다.

생각컨대, 원기 왕성할 때 사랑이 중요하다는 생각에 어느 정도 둔감해지는 일이다.

또 한 가지 보수는 부러움과 미움과 악의에서 해방되는 일이다.

나는 아무도 부러워하지 않는다.

○

노령을 견디지 못하게 하는 것은,

정신과 육체가 쇠약해지는 것이 아니라,

추억의 무거운 짐이다.

○

사람은 태어나고 고통을 겪는다. 그리고 죽는다.

사랑과 예술을 하기에는 인생이 짧다

○

젊은 시절에는 시간이 오래 걸릴 것 같아 피하던 일도

나이가 들면 오히려 더 쉽게 달려든다.

•

서머싯 몸은 이렇게 말했다.

"인생을 거의 다 살고 난 다음에야 '나는 몰라요'라고 말하는 것이 얼마나 쉬운지를 알게 되었다."

너무 늦은 뒤에야 인생에서 정말 중요한 한 가지를 깨닫는 일은 없어야겠다.

•

"사람들은 왜 그렇게 과거를 싫어하지?"

_W.D. 하우엘스(미국 소설가)

•

"무척이나 창피하니까 그렇지."

_마크 트웨인

기 드 모파상의 좋은 말

● 프랑스 소설가 ●

마음먹기에 따라
세상은 즐거울 수도
괴로울 수도 있다.

～～～～

인생은 산을 오르는 것과 같다.
오르고 있는 동안은 사람은 정상을 보고 있다.
그리고 행복하다고 느낀다.

～～～～

재능이란 지속하는 열정이다.

~~~~~~~~~~

재산이라는 것이 인간의 도덕적 가치나
지능적 가치를 만들지는 않는다.

~~~~~~~~~~

●

사랑의 끝장, 인생의 끝장, 희망의 끝장, 투쟁의 끝장, 우리가 매달리는 모든 것의 끝장에서 태양이 진다. 우리는 가야 하는가? 사랑의 새벽, 삶의 새벽, 투쟁을 뒤따르는 평화의 새벽, 우리가 갈망하는 모든 것의 새벽에 태양이 솟는다. 자 갑시다.

_리처드 몰턴(영국 문예 비평가)

●

만일 우리 인생이 단지 5분밖에 남지 않았다는 사실을 안다면 우리는 모두 공중전화 박스로 달려가 소중한 사람들에게 전화를 걸 것이다. 그러고는 더듬거리며 그들에게 '사랑한다'고 말할 것이다.

_크리스토퍼 몰리(미국 편집자, 시인, 수필가, 소설가)

●

장년이 되기 위한 준비는 10대부터 해야 한다. 목적 없이 65세까지 살던 사람이 은퇴한다고 해서 갑자기 목적이 생기지 않기 때문이다.

_아서 E. 모건(미국 교육자, 토목 엔지니어)

몰리에르의 좋은 말

● 프랑스 극작가, 배우 ●

거의 모든 사람은
병 때문이 아니라
치료 때문에 죽는다.

○

다른 사람들을 비난하려고 생각하기 전에

자기 자신을 충분히 돌아보아야 한다.

○

만족은 부를 능가한다.

○

먹기 위해 살지 말고, 살기 위해 먹어야 한다.

○

우리는 오직 한 번 죽는다.

그런데 그토록 오래 죽는다니!

○

장애가 크면 클수록 그것을 극복해낸 영예도 크다.

○

지식이 없으면 인생은 죽음의 그림자에 불과하다.

●

인간은 해낸 일보다도 오히려 앞으로 해야 할 일에 대한 희망에 매

달려 살아나간다.

_조지 오거스터스 무어(영국 소설가, 시인)

●

나이 먹는 걸 축하하지 말고

이전보다 더 훌륭하고 지혜로운 사람이 된 것을 축하하라.

_말론 모건(미국 의사),《무탄트 메시지》중에서

●

고뇌하는 너의 가슴 속에만

영원이 있다고 있다고 생각하지 말라.

모든 마당과

모든 숲

모든 집 속에서

그리고 모든 사람 속에서

영원을 볼 수 있어야 한다.

목적지에서

모든 여행길에서

모든 순례길에서

영원을 볼 수 있어야 한다.

_스와미 묵타난다(인도 명상가)

Aphorism

미셸 몽테뉴의 좋은 말

● 프랑스 사상가, 모랄리스트, 문학자, 철학가 ●

매일이
그대에게 주어진
마지막 날이라고 생각하라.
그러면 그 시간이
더 바랄 것 없이
유쾌하게 느껴질 것이다.

〰〰〰

가장 명백한 지혜의 징표는
항상 유쾌하게 지내는 것이다.

〰〰〰

○

늙지 않는 것은 마음에 달려 있기 때문에 나는 정신의 노화를 피할 수 있는 한 피하라고, 할 수 있다면 고목에서 피어나는 겨우살이처럼 초록 싹을 틔우고 꽃을 피우라고 조언한다.

○

부귀, 영화, 학식, 미덕, 명예, 사랑도
건강이 없으면 퇴색되고 사라져버린다.

○

그대가 움직일 때 모든 것이 움직이지 않는가? 세상에 그대와 함께 노쇠하지 않는 것이 있는가? 수많은 사람이, 수많은 동물이, 수많은 생물이 모두 당신이 죽는 그 순간 죽는다.

○

그대의 삶의 시한은 누가 정하는가? 타인의 이야기에 근거를 두지 말고 차라리 자기 삶의 실상을 보아라.

○

언제 생을 마감하든, 그게 당신 몫의 전부다. 얼마나 살았느냐가 아니라 어떻게 살았는지가 중요하다. 오래 살았지만 보잘것없이 산 것일 수도 있다. 그러니 살아 있는 동안에는 삶에 전념하라. 충분히 살았는지의 여부는 실제로 몇 해를 살았는가보다 그대의 의지에 달려 있다. 끊임없이 지향하고도 이르지 못할 만한 곳이 있는가? 끝이 없는 길은 없다. 게다가 동반자가 그대를 도와준다면, 온 세상이 왜 그대와 함께 가지 않겠는가?

_《수상록》중에서

○

우리는 죽음에 대한 걱정으로 삶을 엉망으로 만들고,
삶에 대한 근심으로 죽음까지 망쳐버린다.

○

어떻게 죽어야 할지 모른다고 걱정할 필요는 없다.
적당한 시기에 죽음이 자연스럽게 당신에게 가르쳐줄 것이다.
죽음이 그 일을 알아서 수행할 테니까 혼자서 고민하지 말라.

○

자기의 시간을 다하지 않고 죽는 이는 없다.
당신이 태어나기 전의 시간도, 당신이 남기고 간 후의 시간도
처음부터 당신의 것이 아니었다.

○

젊은이는 인생을 준비하고 늙은이는 인생을 만끽해야 한다고, 현
인들은 말한다. 그들이 우리에게서 발견한 가장 큰 오류는 우리의
욕망이 끊임없이 젊어진다는 것이다. 우리는 끊임없이 다시 살기
시작한다. 한 발은 이미 무덤 속에 있건만 욕구와 필요는 계속 소생
하기만 한다.

○

죽음이란 단지 삶의 끝자락에 존재하는
불쾌하고 짧은 한순간일 뿐이다.

무라카미 하루키의 좋은 말

• 일본 작가 •

모든 것에서 무엇인가를 배우고자 하는 자세를
계속 가지고 있는 한,
나이를 먹는 것도
그다지 고통이라고 할 수는 없다.
그것이 일반론이다.

〰〰〰〰

죽음은 삶의 대극으로서가 아니라
그 일부로서 존재한다.

〰〰〰〰

○

나이를 먹는 것에 대한 비애, 나이를 먹으면서 청춘을 상실하는 것은 정말 슬픈 일이다. 게다가 늙음은 무척이나 힘이 세기 때문에 그 누구도 그의 손길에서 벗어날 수가 없다. 나는 늙고 있다. 이것은 움직일 수 없는 사실이다. 젊음을 유지하기 위해 아무리 노력을 하더라도 사람은 늙어가는 것을 피할 수가 없다. 그것은 충치와 마찬가지라고 할 수 있다. 노력을 하면 그 진행을 어느 정도 지연시킬 수는 있지만 아무리 진행을 늦추더라도 늙음이라는 것은 반드시 나이를 먹는 만큼 찾아오고 마는 것이다. 사람의 생명이라는 것은 그런 식으로 미리 프로그램이 되어 있다. 나이가 들면 들수록 들인 노력의 양에 비해서 얻을 수 있는 것의 양은 적어지고 그리고 점차 제로가 된다. 늙음의 신이 모든 희망을 빼앗아가는 것이다.

설령 나이를 먹어도 풋풋한 시원(始原)의 풍경을 가슴속에 가지고 있는 사람은 몸속의 난로에 불을 지피고 있는 것과 같아서 그다지 춥지 않게 늙어갈 수 있을 것이다. 나는 그런 이유로 귀중한 연료를 모아두기 위해서라도 젊을 때 열심히 연애를 하는 편이 좋다고 생각한다.

●

지난날 모든 일을 다루던 영웅도 마침내 한 무더기의 흙이 된다. 나무꾼과 목동은 그 위에서 노래를 부르고 여우와 토끼는 그 옆에 굴을 판다.

_문무왕(신라 제30대 왕)

●

어머니란 존재는 참 특별한 거야. 이렇게 나이가 들었어도 그래도 어머니가 살아 계셨기에 이 늙은 가슴 한구석에 어른이 되지 않은 한 어린애가 있을 수 있었던 거야.

_문혜영(한국 작가),《셰익스피어도 바퀴벌레를 보고 웃었을 거야》중에서

●

늙어갈수록 기도를 더 많이 하라. 그러해야 신령한 일에 냉랭해지지 않는다.

_조지 뮬러(독일 태생의 영국 목사, 고아들의 아버지)

미국 보건부가 권장하는 스트레스 해소법

- 아침을 여유 있게 시작하라. 일찍 일어나 식사하고 가족과 대화도 나눈다.
- 일의 우선순위를 정하고 급한 일부터 처리한다.
- 일을 완전무결하게 처리할 생각을 하지 않는다.
- 휴식 시간에는 완전히 쉰다.
- 생활의 3대 원칙인 충분한 수면, 규칙적인 운동, 균형 잡힌 식사를 생활화한다.
- 억울하고 불쾌한 감정은 낮은 목소리로 표현한다.
- 서로를 격려하는 친구와 모임을 갖는다.
- 절대로 일감은 집에 가져오지 않는다.
- 중요한 약속은 수첩에 기록한다. 빗나간 약속들이 나중에 큰 스트레스를 줄 수 있기 때문이다.
- 커피나 청량음료를 피하고 물과 주스를 먹는다.

과학적으로 입증된 장수 식품

미국의 건강정보 가이드 〈헬스닷컴〉은 과학적으로 입증된 5가지 식품을 추천했다.

채소 | 하루에 채소와 과일을 5개씩 먹어라. 더 많이 먹으면 더 좋다. 심장병, 뇌졸중, 암을 예방할 수 있다.

요구르트 | 저지방 요구르트를 매일 먹어라. 유산균을 비롯한 유익한 균, 즉 프로바이오틱스가 풍부하다. 이들 균은 면역력을 키워주기 때문에 최근 집중적인 연구의 대상이 되고 있다.

생선 | 생선을 일주일에 2~3차례 먹어라. 그중 한 차례는 연어처럼 기름이 많은 생선을 택하라. 연어 등에 풍부한 오메가3 지방산은 병의 원인이 되는 염증을 줄여주는 효과가 있다.

견과류 | 호두나 피스타치오 같은 견과류를 먹으면 심장병을 예방할 수 있다. 하루에 한 줌씩 섭취하라.

통곡류 | 매일 15그램 이상의 섬유질을 섭취하라. 정제하지 않은 통곡류, 과일, 채소를 먹으면 된다. 섬유질이 풍부한 식사를 하면 어떤 원인으로든 사망할 위험이 줄어든다. 미국국립암센터의 연구자들에 의하면 그렇다.

하루에 7~8시간 숙면
아침식사 거르지 않기
간식 먹지 않기
표준체중 유지하기
규칙적으로 운동하기
술 적게 마시기
담배 끊기

_미국 노화연구센터

장수비결

인간의 장수를 연구하는 학자가 미국의 100세 이상 노인을 대상으로 조사한 결과 나타난 장수 비결은 다음과 같다.

평생을 일하며 살았다.
식사는 가볍게 했다.
매사에 중용을 지켰다.
항상 즐겁게 살았다.
일찍 자고 일찍 일어난다.
근심과 두려움을 모르고 살았다.

_노먼 빈센트 필,《적극적 사고방식》중에서

희망을 갖고 사는 사람은 항상 젊다.

_미키 기요시(일본 철학가, 작가)

존 밀턴의 좋은 말

● 영국 시인 ●

마음먹기에 따라
지옥을 천국으로 만들 수도 있고
천국을 지옥으로 만들 수도 있다.

～～～～～

사랑만이 너를 행복하게 한다.
정욕은 그렇지 않다.
참사랑은 거기에 없으므로.

～～～～～

○

목숨에 집착하지 말라.

사랑하지도 말고 증오하지도 말라. 생명이 있는 한 살라.

그것의 짧고 길고는 하늘에 맡겨라.

○

선은 나누면 나눌수록 더욱 풍요롭게 자란다.

○

얼마나 오래 사느냐가 중요한 것이 아니라

얼마나 잘 사느냐가 중요하다.

○

의사소통을 잘 하면 잘 할수록, 이익은 더욱 커진다.

에드나 밀레이의 좋은 말

● 미국 시인, 극작가 ●

세상을 살아 있도록 해주는 것은
진리가 아니라 믿음이다.

애들아, 들어라
아버지는 세상을 떠났다
착한 이들이 세상을 떠나도
이 세상은 이어져야지.

○

나는 돌아가리라. 쓸쓸한 바닷가로.
거기 모래 위에 조그만 집을 지으면
작은 해초 넝쿨이 문 앞에 한두 자씩 자라리니
너를 맞으며 내 다시 돌아오지 않으리라
내가 좋아하는 곳으로 가는 것이니.

잠시 동안 그대 눈 속에 비쳤던 사랑
잠시 동안 그대 혀 위에 속삭이던 말
잠시 동안의 모든 것 다 사라졌다
말은 너무 박했고 우린 지나치게 기뻐했거니.
젊었을 때와 조금도 다름없는
저 서글픈 바위와 하늘을 나는 찾아가리.

_〈나는 돌아가리라〉

멋지게 나이 들고 싶은 사람을 위한
인생 명언 365

초판 1쇄 인쇄 2024년 5월 20일
초판 1쇄 발행 2024년 6월 3일

지은이 | 최혁순
펴낸이 | 박찬근
펴낸곳 | (주)빅마우스출판콘텐츠그룹
주   소 | 경기도 고양시 덕양구 삼원로 73 한일윈스타 1422호
전   화 | 031-811-6789
팩   스 | 0504-251-7259
이메일 | judayeonbook@naver.com
편   집 | 미토스
표지디자인 | 강희연
본문디자인 | 디자인 [연;우]

ISBN 971-11-92556-24-6 (03320)